ratio

Band 28

CORNELIUS NEPOS
BERÜHMTE MÄNNER

mit Begleittexten

bearbeitet von
Ernst Rieger

C. C. Buchners Verlag · Bamberg

ratio

Lernzielbezogene lateinische Texte
begründet von Erich Happ und Klaus Westphalen
herausgegeben von Wolfgang Flurl und Wilfried Olbrich

1. Auflage 1 6 5 4 3 1999 98 97 96 95
Die letzte Zahl bedeutet das Jahr dieses Druckes.
Alle Drucke dieser Auflage sind, weil untereinander unverändert, nebeneinander benutzbar.

ISBN 3 7661 **5858** 9

Gesamtherstellung: Fränkischer Tag GmbH & Co. KG, Bamberg

Inhalt

Auffällige Abkürzungen

A	Alcibiades-Vita	L	Lektürebegleitende Frage
alat.	altlateinisch	nkl.	nachklassisch
BT	Begleittexte	P	Pausanias-Vita
H	Hannibal-Vita	praef.	praefatio

Vorwort

Nepos' Lebensbeschreibungen berühmter Männer bewirkten zu allen Zeiten Information und Faszination. Sie gewinnen ihre Bedeutung nicht nur aus der kunstvollen Gestaltung in sich geschlossener und überschaubarer Erzählungen, sondern auch und gerade ihre inhaltliche Substanz, die Darstellung von Wesen und Schicksal des Menschen, macht diese Viten lesenswert. Der bayerische Schulreformer Thiersch († 1860) hat Nepos „das wahre Knabenbuch" genannt.

Die vorliegende Auswahl sowie ihre Bearbeitung für den Unterricht sind von folgenden Grundsätzen und Zielen bestimmt:

- Eine Einleitung zu Nepos' Leben und Werk, Sprache und Stil ist dem Bändchen, kurze Einführungen zu den dargestellten Persönlichkeiten mit Zeittafel sind den Viten vorangestellt.
- Die Auswahl der Viten konzentriert sich auf historisch und rezeptionsgeschichtlich besonders bedeutsame Persönlichkeiten der griechischen und römischen Geschichte; ihre Viten werden auch in den Lehrplänen zur Lektüre vorgeschlagen.
- Die Abfolge der ausgewählten Viten richtet sich nach der des Originalwerkes; die Reihenfolge der Behandlung bzw. die Wahl einer bestimmten Biographie kann durchaus von anderen Gesichtspunkten geleitet sein: etwa von der zur Verfügung stehenden Zeit oder dem Interesse der Schüler.
- Die Paragraphenzählung nach dem Originalwerk ist zugleich die Verbindung zum Sub-linea-Kommentar. Darüber hinaus werden für die im Text enthaltenen historischen Ereignisse die Jahreszahlen vermerkt; dadurch soll das Auffinden der Fakten in den jeweiligen Zeittafeln erleichtert werden.
- Da die Wortkunde zu Beginn der ersten Originallektüre noch nicht vorausgesetzt werden kann, werden i. allg. auch die Wörter angegeben, die in einem der Lehrwerke Cursus compactus, Instrumentum, Roma C nicht gelernt werden.
- Wichtige Eigennamen sind in den jeweiligen Einleitungen erklärt, unwichtige nur an der Textstelle.
- Die „Aufgaben zur Interpretation" heben allgemein menschliche und rezeptionsgeschichtliche Gesichtspunkte hervor; lektürebegleitende Fragen sind eigens gekennzeichnet (L).
- Begleittexte (BT) sollen thematische Bezüge der Nepos-Texte zu ihren antiken Vorbildern wie auch zu modernen Beurteilungen der dargestellten Personen deutlich machen.
- Illustrationen sollen dem Schüler den Zugang zu den Texten erleichtern, Veranschaulichungen aus dem Bereich der bildenden Kunst bieten und Anstöße zur Reflexion geben.

1. Einleitung

1.1 Das Leben des Cornelius Nepos

Cornelius NEPOS — sein Vorname ist nicht überliefert — genoß in der Antike als Schriftsteller hohes Ansehen; der lateinische Kirchenvater Hieronymus († 419/20 n. Chr.) sagt in seiner Weltchronik: *Cornelius Nepos scriptor clarus habetur.* Im Gebiet nördlich des Po, wohl in der Munizipialstadt Ticínum, dem heutigen Pavía, erblickte er um 100 v. Chr. das Licht der Welt und ist wohl nach 27 v. Chr. gestorben. Obwohl zur Jugendzeit des Nepos sein Heimatland Oberitalien noch die Provinz Gallia Cisalpina war, besaß Nepos bereits, wie sein Gentilname Cornelius zeigt, das römische Bürgerrecht. Zwischen 70 und 65 v. Chr. siedelte er nach Rom über, wo er, ohne jemals ein höheres Staatsamt zu bekleiden, inmitten des pulsierenden Lebens der Weltstadt seinen geistigen Studien und vielseitigen Interessen lebte. Er gewann rasch die enge Freundschaft mit seinem jüngeren Landsmann, dem aus Verona stammenden Dichter Gaius Valerius CATULLUS (ca. 84—ca. 54 v. Chr.), den Nepos nach Kräften förderte und dessen neuartige Dichtung er schätzte. Catull widmete ihm seinen Gedichtband (Carmen I):

Cui dono lepidum novum libellum
arida modo pumice expolitum?
Corneli, tibi: namque tu solebas
meas esse aliquid putare nugas,
iam tum, cum ausus es unus Italorum
omne aevum tribus explicare cartis,
doctis, Iuppiter, et laboriosis.
Quare habe tibi, quidquid hoc libelli
qualecumque; quod, o patrona virgo,
plus uno maneat perenne saeclo!

„Wem schenke ich das geistreiche, neuartige Büchlein, das eben erst
mit dem trockenen Bimsstein geglättet worden ist?
Lieber Cornelius, Dir, denn Du warst immer der Meinung, meine
dichterischen Spielereien seien etwas,
schon damals, als Du es als einziger der Römer gewagt hast,
die gesamte Geschichte in drei Bänden literarisch darzustellen,
in Bänden, o Jupiter, voller Wissen und Mühe!
Drum nimm es für Dich, dieses Büchlein, ganz so, wie es eben
gestaltet ist! O daß dies Büchlein doch, Du jungfräuliche Herrin,
mehr als ein Jahrhundert, ja immerwährend Bestand habe!“

(Übersetzung des Verfassers)

Seine vielseitigen Kenntnisse, seine geistigen Interessen und Fähigkeiten waren es wohl auch, die Nepos schon bald nach seiner Ankunft in Rom den Zugang zum Haus des Titus Pomponius ATTICUS (109—32 v. Chr.) öffneten. Atticus blieb trotz seiner Herkunft aus dem stadtrömischen Uradel im *ordo equester* und betätigte sich als Großhandelskaufmann und Bankier. Da er sich oft in Athen aufhielt und ein einwandfreies Attisch sprach, erhielt er den Beinamen Atticus. Als einer der gebildetsten Römer seiner Zeit war er mit griechischer Literatur und Philosophie vertraut. Er wurde ein bedeutender Verleger und förderte im Rahmen seines Freundeskreises das literarische Leben Roms.
In diesen Freundeskreis fand sich Nepos aufgenommen und wurde der wohl aufrichtigste Vertraute des Atticus, wofür seine Atticus-Vita heute noch ein beredtes Zeugnis bietet. Darin sieht Nepos in seinem Freund Atticus ein Beispiel altrömischen Wesens, das sich gründet auf die menschlichen Vorzüge der *fides* (Ehrlichkeit und Zuverlässigkeit), der *diligentia* (Sorgfalt und Gründlichkeit in der Erfüllung aller Arbeiten) und der *pietas* (Ehrfurcht und Achtung gegenüber Göttern und Menschen) — Wesenszüge, die bei Atticus in seiner vorbildlichen Haltung und untadeligen Lebensführung gipfelten, kurz: in seiner *humanitas.*
Nepos selbst erfuhr durch Atticus reiche Anregung für sein literarisches Schaffen, auf das vor allem auch der berühmte Marcus Tullius CICERO (106—43 v. Chr.) Einfluß ausgeübt hat.
Mag Nepos auch mit Cicero, mit dem er in Briefwechsel stand, keine so enge Freundschaft verbunden haben wie mit Atticus, so bewunderte er doch den sprühenden Geist dieses Redners und Denkers und bewahrte ihm auch in schwierigen Zeiten seine Freundschaft.
Nepos hat die Leiden und Wirren des ersten Jahrhunderts v. Chr. miterlebt: die Auseinandersetzungen zwischen Marius und Sulla, zwischen Cicero und Catilina, zwischen Cäsar und Pompeius, schließlich den furchtbaren Bürgerkrieg um das Erbe Cäsars.
Mit seinem Sieg über Antonius und Kleopatra bei Actium 31 v. Chr. leitete Caesar Octavianus (Augustus) eine neue Epoche der römischen Geschichte ein, deren Anfang Nepos noch erleben konnte.

1.2 Werke des Cornelius Nepos

Die Schriften des Nepos lassen sich insgesamt der Gattung Geschichtsschreibung im weitesten Sinne zuordnen, wobei Nepos sich im Gegensatz zur früheren Historiographie in Rom auch mit nichtrömischen Stoffen befaßte und die „politische“ Biographie zur Literaturgattung ausformte.

Chronica

Das dreibändige Werk Chronica behandelt in Tabellenform politische und kulturgeschichtliche Ereignisse der griechischen und römischen Geschichte, weshalb es wohl der Dichter Catull in der Widmung seiner Gedichtsammlung an Nepos ausdrücklich rühmt (s. oben S. 5, bes. V. 5—7).

Exempla

In seinen Exempla sammelte Nepos Anekdoten und Merkwürdigkeiten aus Geschichte und Natur. Sie sollten Rednern Material für anschauliche Beispiele liefern. Plinius der Ältere († 79 n. Chr.) hat aus beiden Werken mehrfach zitiert.

Einzelbiographien

Auf „Bitten" des Atticus (Cato 3, 5: ... *rogatu T. Pomponii Attici* ...) hat Nepos die Persönlichkeit des älteren Cato in einer Einzelschrift dargestellt; davon ist ein Auszug (von zwei Seiten) erhalten.
Eine Cicero-Biographie erwähnt der römische Schriftsteller Gellius (2. Jh. n. Chr.) in seinem Werk „Noctes Atticae" 15, 28.

Das Hauptwerk „De viris illustribus"

Aufbau und Inhalt

Dieses Werk, dem Atticus gewidmet, umfaßte mindestens 16 Bücher, die nach den Lebensstellungen der berühmten Männer geordnet waren; davon sind sicher faßbar: „De ducibus", „De regibus", „De historicis" (s. u.), „De poetis" (von Sueton benützt, dem bekannten Verfasser von 12 Kaiserbiographien, 2. Jh. n. Chr.). Dabei waren jeweils in einem Buch Persönlichkeiten auswärtiger Völker, vornehmlich Griechen, dargestellt, denen dann im folgenden Römer gegenübergestellt wurden, ein Prinzip, mit dem Nepos die Absicht verfolgte, dem Leser ein Urteil zu ermöglichen, wie er selbst in der Hannibal-Vita 13, 4 erklärt: *Sed nos tempus est huius libri (ducum exterarum gentium) facere finem et Romanorum explicare imperatores, quo facilius collatis utrorumque factis, qui viri praeferendi sint, possit iudicari.*
Innerhalb der einzelnen Bücher ließ sich Nepos weitgehend von der Chronologie leiten.
Von diesem umfangreichen Werk ist nur der „Liber de excellentibus ducibus exterarum gentium" vollständig überliefert. Er umfaßt unter Nr. 21 (s. u.) einen kurzen Abschnitt in Aufzählungsform „De regibus", d. h. über Könige, die auch Feldherrn waren. Das ganze Buch enthält nach der Einleitung (praefatio S. 10) folgende 23 Teile:

I. Miltiades
II. Themistocles
III. Aristides
IV. Pausanias (abgekürzt P)
V. Cimon
VI. Lysander
VII. Alcibiades (abgekürzt A)
VIII. Thrasybulus
IX. Conon
X. Dion
XI. Iphicrates
XII. Chabrias
XIII. Timotheus
XIV. Datames
XV. Epaminondas
XVI. Pelopidas
XVII. Agesilaus
XVIII. Eumenes
XIX. Phocion
XX. Timoleon
XXI. De regibus
XXII. Hamilcar
XXIII. Hannibal (abgekürzt H)

Dazu kommen aus dem Buch „De Latinis historicis" die Vita des Cato und die des Atticus.

Fragmente

Die Fragmente enthalten zwei Briefe (ca. eine Textseite) der Cornelia, der Tochter des Scipio Africanus maior, an ihren Sohn C. Sempronius Gracchus kurz vor dessen Bewerbung um das Volkstribunat (123 v. Chr.) und ein Stück „De laude Ciceronis".

Abfassungszeit und Veröffentlichung

Die erhaltenen Teile haben wohl zwei Auflagen erlebt. Die erste Auflage des gesamten biographischen Werkes hat Nepos mit einer Widmung an Atticus vor 32 v. Chr. publiziert. Nach dessen Tode (32 v. Chr.) folgte eine zweite Auflage, die um die vier Schlußkapitel (Kap. 19 mit 22) der Atticus-Vita und um die drei Viten der Nichtgriechen — das Buch „De excellentibus ducibus exterarum gentium" war ursprünglich nur Griechen vorbehalten — Datames, Hamilcar und Hannibal erweitert wurde.

Grundzüge und Grundgedanken

Nepos verstand sich mit seinem biographischen Werk nicht als Geschichtswissenschaftler. Es ging ihm vielmehr um Lebens- und Charakterbilder, wobei er seine Quellen wie ein Regisseur nach eigenen Vorstellungen verarbeitete, um die einzelnen Persönlichkeiten einem breiten, nicht zu anspruchsvollen römischen Publikum nahezubringen; daher war historische Genauigkeit nicht sein Ziel. Die Verhaltensweisen berühmter Männer gelten ihm als *exempla* und die Geschichte als *magistra vitae* (Dion 5, 3).
Dabei ist Nepos von der grundsätzlichen menschlichen und kulturellen Gleichwertigkeit von Römern und Griechen überzeugt.

1.3 Zu Sprache und Stil des Cornelius Nepos

Wortschatz und Formenlehre entsprechen weitgehend dem, was in der ciceronianischen Zeit üblich war. Einige (zumal in der vorliegenden Ausgabe recht seltene) Abweichungen führt man auf eine gewisse Nähe zur gesprochenen Sprache zurück. Nepos verfügte aber auch über die reichen Möglichkeiten der lateinischen Kunstprosa (vgl. die Ausgabe von Nipperdey-Witte, S. 23—29). Auf folgende Eigentümlichkeiten seiner Sprache sei hingewiesen:

- Genitiv auf *-ī* bei (griech.) Namen auf *-ēs*: *in domō Periclī;*
- *-und-* oft statt *-end-* im Gerundium und Gerundiv: *interficiundī;*
- *-u-* oft statt *-i-* als Archaismus: *lacrumāns* statt *lacrimāns*;
- Ausfall von *v* zwischen Vokalen (und Kontraktion der Vokale): *violā(vi)sset, superā(ve)rit, revocā(vē)runt;*
- einige altlateinische Formen: *forem/fore* statt *essem/esse*;
- fehlendes Subj. im AcI: *ex vinclīs (eōs) effūgisse.*

Im folgenden sind einige für Nepos wichtige Stilfiguren zusammengestellt (sämtliche Beispiele entstammen der Alcibiades-Vita).

Alliteratión: gleicher Anlaut aufeinanderfolgender Wörter, 1, 1: *vel in vitiīs vel in virtūtibus.*

Antithése: Gegenüberstellung von Gegensätzen, 5, 3: *Athēniēnsium ... opēs senēscere ... Lacedaemoniōrum crēscere.*

Asýndeton: Aneinanderreihung von Sätzen/Satzteilen ohne Konjunktion, 9, 2: *quī ea, quae apportārat, abstulērunt, ipsum capere nōn potuērunt.*

Chiásmus: Kreuzstellung einander entsprechender Satzglieder, 6, 2: *et adversās superiōrēs et praesentēs secundās rēs.*

Ellípse: Auslassung eines (leicht ergänzbaren) Wortes; *esse* „fehlt" fast regelmäßig beim Infinitiv Futur Aktiv, sehr oft beim Gerundiv und beim PPP. Häufig fehlt auch der durch ein Personalpronomen gebildete Subjektsakkusativ im AcI:
1, 1: *nātūra ... vidētur experta (esse),*
7, 2: *(eum) corruptum ā rēge ...,*
9, 5: *sē initūrum (esse) grātiam,*
4, 2: *(sibi) quiēscendum (esse).*

Hendiadyoín: Wiedergabe eines Gedankens (Begriffs) durch zwei parallele Ausdrücke: im Dt. wird einer untergeordnet, 3, 1: *huius cōnsiliō atque auctōritāte.*

Hypérbaton („Sperrung"): Getrennte Stellung zusammengehöriger Wörter (bes. Substantiv und Adjektiv), 3, 3: *magnus multitūdinī timor est iniectus.*

Metápher („Übertragung"): Durch einen Vergleich zustandekommender bildlicher (meist vom Konkreten zum Abstrakten übertragener) Ausdruck, 5, 3: *opēs senēscere.*

2. Cornelius Nepos: Viten

2.1 Praefatio

1 Non dubito fore plerosque, Attice, qui hoc genus scripturae leve et
non satis dignum summorum virorum personis iudicent, cum re-
latum legent, quis musicam docuerit Epaminondam, aut in eius
virtutibus commemorari saltasse eum commode scienterque tibiis
2 cantasse. Sed ii erunt fere, qui expertes litterarum Graecarum nihil
3 rectum, nisi quod ipsorum moribus conveniat, putabunt. Hi si
didicerint non eadem omnibus esse honesta atque turpia, sed omnia
maiorum institutis iudicari, non admirabuntur nos in Graiorum
4 virtutibus exponendis mores eorum secutos. Neque enim Cimoni
fuit turpe, Atheniensium summo viro, sororem germanam habere
in matrimonio, quippe cum cives eius eodem uterentur instituto.
At id quidem nostris moribus nefas habetur. Laudi in Creta ducitur
adulescentulis quam plurimos habuisse amatores. Nulla Lacedae-
moni vidua tam est nobilis, quae non ad cenam eat mercede con-
5 ducta. Magnis in laudibus tota fere fuit Graecia victorem Olympiae

---

1 **nōn dubitāre** nicht (daran) zweifeln; bei Nepos meist mit AcI statt *quīn* (daß) — **plērīque** (nkl.): sehr viele — **Attice**: Das Buch ist dem T. Pomponius Atticus (↗ S. 6) gewidmet. — **scrīptūra** (*scribere*): Schriftstellerei, Literatur — **levis, -e** leicht; h. weniger bedeutend — **persōna** Maske, Rolle (des Schauspielers); h. Bedeutung — **Epamīnōndās, -ae**: Stratege der Thebaner; 362 bei Mantinéa gefallen — **virtūtēs** Vorzüge — **commemorārī** (*legent*); *commemorare* erwähnen, berichten — **cómmodus, -a, -um** *(cum modo)*: „mit Maß", im Takt; h. gut — **sciēns, -ntis** wissend, geschickt — **tībiīs cantāre** (auf der) Flöte (*tibiae, -arum*) spielen

2 **ferē** fast; in der Regel, meistens — **erunt** (*sunt*), **quī**: Steht bei Betonung des objektiven Sachverhalts regelmäßig mit Indikativ. — **litterae, -ārum** Schriften, Literatur — **convenīre** (*alci/ad alqd*): passen zu, entsprechen

3 **īnstitūtum** ~ *mos* — **Grāī** (alat., poet.): ~ *Graeci*

4 **enim** h. zum Beispiel — **Cimō(n), -ōnis** Kimon (Sohn des Miltiades; athenischer Politiker und Stratege) — **germānus, -a, -um** leiblich, echt (tatsächlich nur „Halbschwester") — **īnstitūtum** ↗ 3 — **nostrīs mōribus** infolge . . . — **in Crētā**: Die Knabenliebe war in Kreta wie überhaupt bei den Doriern eine staatlich gebilligte und religiös geheiligte Einrichtung. — **amā-tor** Freund; Liebhaber — **Lacedaémonī** (Lokativ zu *Lacedaemon, -onis*): in Lakedaimon (Sparta) — **vidua** (*di-videre*): Witwe — **ad cēnam eat**: d. h. um die Gäste zu unterhalten

citari, in scaenam vero prodire ac populo esse spectaculo nemini in
eisdem gentibus fuit turpitudini; quae omnia apud nos partim in-
6 famia, partim humilia atque ab honestate remota ponuntur. Contra
ea pleraque nostris moribus sunt decora, quae apud illos turpia
putantur. Quem enim Romanorum pudet uxorem ducere in con-
vivium? Aut cuius non mater familias primum locum tenet aedium
7 atque in celebritate versatur? Quod multo fit aliter in Graecia. Nam
neque in convivium adhibetur nisi propinquorum neque sedet nisi
in interiore parte aedium, quae gynaeconítis appellatur, quo nemo
8 accedit nisi propinqua cognatione coniunctus. Sed hic plura perse-
qui cum magnitudo voluminis prohibet, tum festinatio, ut ea ex-
plicem, quae exorsus sum. Quare ad propositum veniemus et in hoc
exponemus libro de vita excellentium imperatorum.

---

5 **citārī** h. (vom) Herold ausgerufen werden — **vērō** wirklich, aber; (steigernd) gar, sogar — **īn-fāmis, -e** (*fama*): verrufen, schimpflich — **ab honestāte re-mōtus, -a, -um** unanständig — **pōnī** h. ~ *iudicari*

6 **Contrā ea** ~ *contra* (Adv.) — **plēraque** ↗ 1 — **decōra**: Adj. — **enim** ↗ 4 — **prīmus locus aedium**: h. örtlich, d. h. der vorderste Teil des Hauses (Atrium) — **in celebritāte** (erg. *hominum*): h. in der Öffentlichkeit

7 (*in convivium*) **propinquōrum**: Das den Gen. regierende Subst. läßt Nepos stets aus, wenn es in dem vorausgehenden, entsprechenden Satzglied steht (Lupus 20). — **gynaecōnītis, -idis** (gr.): Frauengemach — **cognātiō, -ōnis** (*cognatus*): (Bluts-)Verwandtschaft

8 **plūra pérsequī** h. (noch) weitere (derartige) Beispiele anführen — **magnitūdō volūminis** h. der (begrenzte) Umfang der Schriftrolle/des vorliegenden Bandes — **festīnātiō, -ōnis** Eile; h. Drang — **ex-ōrdīri** (*ordior, orsus sum*): ~ *ordiri* — **prōpositum** Vorsatz, Plan; h. das Thema — **expōnere** ~ *narrare*

Aufgaben zur Interpretation

1 Mit welcher Kritik rechnet Nepos?
2 Welche Gesichtspunkte soll man nach Nepos bei der Beurteilung fremdländischer Persönlichkeiten berücksichtigen?
3 Welches Programm entwirft der Biograph Nepos am Ende dieser Praefatio?

2.2 Pausanias
(ca. 515—ca. 467 v. Chr.)

Obwohl die Flotte des Xerxes im September 480 v. Chr. bei Salamis von den Athenern unter Themistokles vernichtend geschlagen worden war und der Großkönig sich mit der Restflotte nach Kleinasien zurückgezogen hatte, blieb sein General Mardónios mit den Landstreitkräften in Griechenland, so daß die Persergefahr zu Lande immer noch nicht gebannt war. Pausanias (P.) aus Sparta ging mit seinem Sieg bei Platää 479 v. Chr. über Mardonios als Befreier Griechenlands in die Geschichte ein. Sonst ist über ihn wenig überliefert. Die Geschichtsschreiber Herodot (Buch 9, 19—75: Schlacht bei Platää) und Thukydides (Buch 1, 128—134) erwähnen diesen großen Heerführer als einen Mann, der immer hoch angesehen, aber nie beliebt war und der schon bald nach Platää, dem Höhepunkt seines Lebens, durch sein eigenmächtiges Verhalten bei der spartanischen Regierung Mißtrauen und Mißgunst erregte.

ca. 515 Geburt in Sparta, aus dem Königshaus der Agiaden; Neffe des Thermopylen-Helden Leonidas — P. hatte drei Söhne, von denen Pleistoánax 458—407 in Sparta als König regierte.

480 Tod der 300 Spartiaten unter Leonidas bei den Thermopylen
P. erhält die Vormundschaft über seinen Vetter, den Leonidassohn Pleístarchos, und den Oberbefehl im Griechenheer.

479 Ende des Defensivkrieges der Griechen durch den Sieg des P. über das persische Heer bei Platää (Böotien). Als höchste Anerkennung erhält P. nun den Oberbefehl über die griech. Flotte zur Einleitung der Offensive gegen die Perser, obwohl die meisten Schiffe von Athen gestellt werden. P. befreit Cypern.

478 Rückeroberung der Stadt Byzanz durch P.
Anklage wegen Konspiration mit den Persern. Freispruch.

477 Eigenmächtige Rückkehr des P. nach Byzanz.

476 Vertreibung aus Byzanz durch den Spartafreund Kimon von Athen. Erneute Rückberufung des P. nach Sparta.

ca. 469 P. soll in Sparta staatsfeindliche Kontakte zu den Heloten aufgenommen haben, um diese zu befreien. Trotz unsicherer Beweise für perserfreundliche Gesinnung wird P. zum Tod verurteilt.

nach 469 Die Ephoren wollen P. im Heiligtum auf Taínaron (Südspitze der Peloponnes) verhaften; P. sucht in einem Häuschen des heiligen Bezirks der Athena Chalkíoikos Asyl, wo er verhungert.

1,1 Pausanias Lacedaemonius magnus homo, sed varius in omni genere
2 vitae fuit: nam ut virtutibus eluxit, sic vitiis est obrutus. Huius
illustrissimum est proelium apud Plataeas. Namque illo duce Mar- (479)
donius, satrapes regius, natione Medus, regis gener, in primis om-
nium Persarum et manu fortis et consilii plenus, cum ducentis
milibus peditum, quos viritim legerat, et viginti equitum haud ita
magna manu Graeciae fugatus est eoque ipse dux cecidit proelio.
3 Qua victoria elatus plurima miscere coepit et maiora concupiscere.
Sed primum in eo est reprehensus, quod ex praeda tripodem aureum
Delphis posuisset epigrammate inscripto, in quo haec erat sententia:
suo ductu barbaros apud Plataeas esse deletos eiusque victoriae ergo
4 Apollini donum dedisse. Hos versus Lacedaemonii exsculpserunt
neque aliud scripserunt quam nomina earum civitatum, quarum
auxilio Persae erant victi.

1,1 **varius, -a, -um** h. schwankend, ohne feste Grundsätze — **genus vītae** Lebensart; h. Lebenslage — **ut** — **sīc** zwar — aber auch — **ē-lūcēre** hervorleuchten — **ob-ruere** überschütten, erdrücken; h. in dunklen Schatten tauchen

2 **illūstrissimum** (subst.): die glänzendste Tat — **Plataeae (-ārum)**: Platää; Stadt in Böotien — **namque** ~ *nam* — **Mardonius** Mardonios; Oberbefehlshaber der persischen Landstreitkräfte, Schwager des Xerxes — **sátrapēs, -ae** (persisch): Statthalter, Satráp — **Mēdus** Meder; tatsächlich Perser, die schon in den griechischen Quellen „Meder“ genannt werden — **gener, -erī** Schwiegersohn (des Dareios, nicht des Xerxes!) — **manū (fortis)**: persönlich, im Kampf — **cōnsilium** h. Einsicht, Klugheit — **virītim** (Adv.) **legere** Mann für Mann ausheben; der persische Heerführer wählte eine Anzahl Adeliger aus, die weitere Vornehme aussuchten. Diese hoben die gemeinen Soldaten aus. — **vīgintī** (*milibus*) — **haud ita** nicht eben — **Graeciae** ~ *Graecorum* — **cecidit proeliō**: Oft rückt Nepos das Hauptverb vom Satzende weg.

3 **ēlātus** (*ef-ferre*): emporgehoben, übermütig (geworden) — **plūrima miscēre** sehr vieles mischen/durcheinanderbringen; h. sehr große Verwirrung stiften — **concupīscere** (*cupere*): erstreben — (*miscere*) **coepit** (*et . . . concupiscere*): Nepos setzt oft das gemeinsame Verbum eines Doppelausdrucks nach dem ersten Glied (Lupus 191 ff.). — **est reprehensus**: Bei Nepos steht das PPP ebenso nach dem Hilfszeitwort wie vor ihm (vgl. 1, 1 *est óbrutus*; 1, 4 usw.). — **in eō** (n.) . . . **quod** — **tripūs, -odis** m. (griech.): Dreifuß — **epigrámma, -atis** n. (griech.): Aufschrift, Inschrift, Epigrámm — **in quō haec erat sententia** mit folgendem Inhalt (wörtlich?) — **suō ductū** ~ *se duce* — **Plataeae** ↗ 1, 2 — **dēlēre** ~ *devincere* — **victōriae ergō** ~ *victoriae causā*; h. kausal — (*se*) **dedisse** ↗ S. 9

4 **ex-sculpere** aus-, wegmeißeln — **neque aliud . . . quam**: bei Nepos üblich statt *neque aliud . . . nisi* (ebenso H 10,1)

2,1 Post id proelium eundem Pausaniam cum classe communi Cyprum
atque Hellespontum miserunt, ut ex iis regionibus barbarorum (478)
2 praesidia depelleret. Pari felicitate in ea re usus elatius se gerere
coepit maioresque appetere res. Nam cum Byzantio expugnato
cepisset complures Persarum nobiles atque in his nonnullos regis
propinquos, hos clam Xerxi remisit, simulans ex vinclis publicis
effugisse, et cum his Gongylum Eretriensem, qui litteras regi red-
deret, in quibus haec fuisse scripta Thucydides memoriae prodidit:
3 'Pausanias, dux Spartae, quos Byzanti ceperat, postquam propin-
quos tuos cognovit, tibi muneri misit seque tecum affinitate con-
4 iungi cupit: quare, si tibi videtur, des ei filiam tuam nuptum. Id si
feceris, et Spartam et ceteram Graeciam sub tuam potestatem se,
adiuvante ⟨te⟩, redacturum pollicetur. His de rebus si quid geri
volueris, certum hominem ad eum mittas face, cum quo colloqua-
5 tur'. Rex tot hominum salute tam sibi necessariorum magnopere
gavisus confestim cum epistula Artabazum ad Pausaniam mittit,
in qua eum collaudat; petit, ne cui rei parcat ad ea efficienda, quae
6 pollicetur: si perfecerit, nullius rei a se repulsam laturum. Huius
Pausanias voluntate cognita alacrior ad rem gerendam factus in
suspicionem cecidit Lacedaemoniorum. Quo facto domum revo-
catus, accusatus capitis absolvitur, multatur tamen pecunia; quam (477)
ob causam ad classem remissus non est.

2,1 **eundem** h. ebenfalls — **classis commūnis**: d. h. die Bundesflotte (des Attischen Seebundes) — **Cyprus (-ī)**: die Insel Zypern; sie wurde von Griechen kolonisiert, dann den Persern untertan, 478 von Pausanias zurückerobert. — **Hellēspontus (-ī)**: der Hellespont (griech.: „Meer der Helle"; heute die Dardanellen); Richtungsangabe ohne Präp. wie bei Städten/kleinen Inseln

2 **ēlātus** ↗ 1, 3 — **māiōrēs rēs appetere** ~ 1, 3 *maiora concupiscere* — **Bȳzantium (-ī)**: Byzanz; Stadt am Bosporus (wie hieß die Stadt später?) — **vinc(u)la pūblica** Staatsgefängnis; h. Kriegsgefangenschaft — **effūgisse** (*eos*) ↗ 1, 3 *dedisse* — **Góngylum Eretriēnsem** (Gongylus aus Eretria: auf Euböa): erg. *misit* — **reddere** h. ab-, übergeben — **scrīpta fuisse** ~ *scripta esse*

3 **dux** Regent; ↗ Einleitung 480 — **quōs Bȳzantī** (Lokativ) **cēperat**: vorgezogenes Obj. zu *cognovit* — **propinquōs tuōs**: präd. — **mīsit**: Tempus des Briefstils, im Dt. Präs. — **af-fīnitās, -ātis** (*finis*): Verwandtschaft, Verschwägerung — **fīlia tua** eine (nicht „die") Tochter von dir — **nūptum**: Supin zu *núbere*; nach Herodot warb P. um eine Satrapentochter; ↗ BT 2.

4 **certus** h. zuverlässig — **mittās face** (alat. für *fac*): *fac* verstärkt *mittas.*

5 **necessārius, -a, -um** nahestehend — **cōn-festim** (Adv.; *festinare*): eiligst, unverzüglich — **Artabázus** Artábazos; Satrap des Dareios — **col-laudāre** sehr loben — **parcere** h. unversucht lassen — **repulsam** (*repellere*) **ferre** eine Zurückweisung hinnehmen müssen — (*eum*) **lātūrum** (*esse*) ↗ S. 9

3,1 At ille post non multo sua sponte ad exercitum rediit et ibi non
callida, sed dementi ratione cogitata patefecit: non enim mores
2 patrios solum, sed etiam cultum vestitumque mutavit. Apparatu
regio utebatur, veste Medica; satellites Medi et Aegyptii sequeban-
tur; epulabatur more Persarum luxuriosius, quam qui aderant per-
3 peti possent; aditum petentibus conveniundi non dabat, superbe
respondebat, crudeliter imperabat. Spartam redire nolebat; Colo-
nas, qui locus in agro Troade est, se contulerat; ibi consilia cum
4 patriae tum sibi inimica capiebat. Id postquam Lacedaemonii re-
scierunt, legatos cum clava ad eum miserunt, in qua more illorum
erat scriptum: nisi domum reverteretur, se capitis eum damnaturos.
5 Hoc nuntio commotus, sperans se etiam tum pecunia et potentia (469)
instans periculum posse depellere, domum rediit. Huc ut venit, ab
ephoris in vincla publica est coniectus: licet enim legibus eorum
cuivis ephoro hoc facere regi. Hinc tamen se expedivit, neque eo
magis carebat suspicione: nam opinio manebat eum cum rege ha-
6 bere societatem. Est genus quoddam hominum, quod Hilotae vo-
catur, quorum magna multitudo agros Lacedaemoniorum colit ser-
vorumque munere fungitur. Hos quoque sollicitare spe libertatis
7 existimabatur. Sed quod harum rerum nullum erat apertum crimen,
quo argui posset, non putabant de tali tamque claro viro suspicio-
nibus oportere iudicari et exspectandum, dum se ipsa res aperiret.

3.1 **post nōn multō**: Nepos stellt den *abl. mensurae* öfters hinter *post* (Adv.). — **suā sponte** h. ohne Vollmacht — **ad exercitum**: gemeint sind die Truppen bei Byzanz. — **nōn callidā** (*ratione*): d. h. nicht mit der sonst ihm eigenen Klugheit — **cōgitātum** (subst.): h. Plan, Absicht

2 **Mēdicus** ~ *Persicus* ↗ 1, 2 — **satelles, -itis** Leibwächter — **epulārī** (*epulae*): speisen — **quam** (*ut ii*) **quī . . . possent**: im Dt. Plqpf. — **pér-petī** ~ *pati*

3 **aditum petere** um eine Audienz nachsuchen; **conveniundī**: pleonastisch — **Colōnae (-ārum)**: Kolonai; Stadt in der kleinasiatischen Landschaft Troas (*ager Troas*; Gen. *-adis*)

4 **re-scīscere** (Pf. *réscii; scire*): erfahren — **clāva** Holzstock, Keule; h. Botschaft; amtliche Geheimbefehle der Ephoren (**éphorī, -ōrum**: 5 und öfters) an Generale waren auf schmalen, schräg um einen Stab gewickelten Leder- oder Pergamentstreifen der Länge nach geschrieben und konnten vom Empfänger nur durch Aufrollen auf einen gleichen Stab gelesen werden.

5 **tum** h. jetzt — **vinc(u)la pūblica** ↗ 2, 2 — **licet**: statt *licebat* — **rēgī**: P. hatte als Vormund (↗ S. 12: 480) eine königliche Stellung. — **ex-pedīre** (*pes*): h. befreien — **neque eō magis** aber dennoch nicht — **rēge** (*Persarum*)

6 **Hīlōtae, -ārum** (griech.) m.: die Heloten — **sollicitāre** aufwiegeln

7 **posset:** zum dt. Tempus ↗ 3, 2 — **et** (*putabant*) **exspectandum** (*esse*) — **aperīre** h. aufklären

4,1 Interim Argilius quidam adulescentulus, quem puerum Pausanias
amore venerio dilexerat, cum epistulam ab eo ad Artabazum acce-
pisset eique in suspicionem venisset aliquid in ea de se esse scrip-
tum, quod nemo eorum redisset, qui super tali causa eodem missi
erant, vincla epistulae laxavit signoque detracto cognovit, si pertu-
2 lisset, sibi esse pereundum. Erant in eadem epistula, quae ad ea
pertinebant, quae inter regem Pausaniamque convenerant. Has ille
3 litteras ephoris tradidit. Non est praetereunda gravitas Lacedae-
moniorum hoc loco. Nam ne huius quidem indicio impulsi sunt,
ut Pausaniam comprehenderent, neque prius vim adhibendam pu-
4 taverunt, quam se ipse indicasset. Itaque huic indici, quid fieri
vellent, praeceperunt. Fanum Neptuni est Taenari, quod violari
nefas putant Graeci. Eo ille supplex confugit in araque consedit.
Hanc iuxta locum fecerunt sub terra, ex quo posset audiri, si quis
quid loqueretur cum Argilio. Huc ex ephoris quidam descenderunt.
5 Pausanias, ut audivit Argilium confugisse in aram, perturbatus
venit eo. Quem cum supplicem dei videret in ara sedentem, quaerit,
causae quid sit tam repentini consilii. Huic ille, quid ex litteris
6 comperisset, aperit. Modo magis Pausanias perturbatus orare coe-
pit, ne enuntiaret nec se meritum de illo optime proderet: quodsi
eam veniam sibi dedisset tantisque implicatum rebus sublevasset,
magno ei praemio futurum.

4,1 **Argilius** (Adj.): aus Argilos (Stadt in Thrakien) — **puerum:** pleonastisch – **amor venerius** („zur *Venus* gehörig"): h. „Knabenliebe" (↗ praef. 4); entfällt neben *dilexerat* im Dt. — **ab eō** (*Pausania*) — **ad Artabázum** (↗ 2, 5): bezeichnet den Adressaten des Briefes — **eī** (*Argilio*) **in suspīciōnem venit** ihm kommt der Verdacht — **super** + Abl.: ~ *de* — **eōdem**: Ortsadverb — **vincla** (↗ 2, 2) **laxāre** h. die Verschnürung lockern, lösen — **signum dētrahere** das Siegel (sonst *sigillum*) „wegziehen"/erbrechen; entsiegeln — **pertulisset** („überbringen": *epistulam*): Konj. Plqpf. als Ersatz für den fehlenden Konj. des Fut. II

2 **convenit** es kommt zustande/wird vereinbart; *quae convenerant*: dt. Subst.

3 **gravitās** h. Bedächtigkeit — **indicium** Anzeige, Aussage – **indicāsset**: zum Tempus ↗ 1 *pertulisset.* Der Konj. nach **prius-quam** bezeichnet bei Nepos meist eine Absicht des Hauptsatzsubjektes (h. ~ „damit er vorher . . .").

4 **in-dex, -dicis** Denunziant — **fānum** Heiligtum, Tempel (↗ „pro-fan") — **Taénarum** (Lokativ *-i*): Tainaron; Vorgebirge und Stadt an der Südspitze der Peloponnes — **violāre** h. entweihen — **supplex** (*-icis*): schutzflehend; h. als Schützling – **hanc iuxtā** ~ *iuxta hanc* — **locus** h. Loch, Versteck

6 **modo magis** jetzt noch mehr — **ēnūntiāre** h. ausplaudern — **quodsī** wenn aber; h. wenn nur — **veniam dare** h. eine Bitte erfüllen — **dedisset, sublevāsset** (unterstützen): ↗ 1 *pertulisset* — **rēbus implicātum esse** in Dinge verwickelt sein, in Verlegenheit stecken

5,1 His rebus ephori cognitis satius putarunt in urbe eum comprehendi.
Quo cum essent profecti et Pausanias placato Argilio, ut putabat,
Lacedaemonem reverteretur, in itinere, cum iam in eo esset, ut
comprehenderetur, ex vultu cuiusdam ephori, qui eum admoneri
2 cupiebat, insidias sibi fieri intellexit. Itaque paucis ante gradibus,
quam qui eum sequebantur, in aedem Minervae, quae Chalcioicos (467)
vocatur, confugit. Hinc ne exire posset, statim ephori valvas eius
aedis obstruxerunt tectumque sunt demoliti, quo celerius sub divo
3 interiret. Dicitur eo tempore matrem Pausaniae vixisse eamque iam
magno natu, postquam de scelere filii comperit, in primis ad filium
4 claudendum lapidem ad introitum aedis attulisse. Sic Pausanias
magnam belli gloriam turpi morte maculavit. Hic cum semianimis
5 de templo elatus esset, confestim animam efflavit. Cuius mortui
corpus cum eodem nonnulli dicerent inferri oportere, quo ii qui ad
supplicium essent dati, displicuit pluribus, et procul ab eo loco
infoderunt, quo erat mortuus. Inde posterius dei Delphici responso
érutus atque eodem loco sepultus, ubi vitam posuerat.

5,1 **hīs rēbus éphorī cognitīs:** Bei Nepos ist in der Regel das Subj. des Hauptsatzes auch das logische Subj. des mit einem PPP gebildeten abl. abs. (Lupus 183 f.); die Zwischenstellung des gemeinsamen Subj. (h. *ephori;* ↗ z. B. auch P 2, 6) ist etwa auch bei Cäsar häufig. – **alqd satius putāre** etw. für besser halten — **urbs** h. **die** Stadt (d. h. Sparta); *in urbe* „(erst) in Sparta"; eine Verhaftung im Tempel verbot das Asylrecht. Zum Satzaufbau ↗ S. 62 — **Lacedaemōn** ↗ praef. 4 — **in eō est** (unpersönl.): es ist so weit, daß (bzw. Inf.) — **admonēre** h. warnen

2 **ante** (~ *prius*, + abl. mensurae) . . . **quam** — **Chalcíoicos** (griech.; Nom. Sing.: h. fem.): Tempel der Athene Chalkioikos (Athene im Erzhaus); er war mit Metallplatten verkleidet. — **valvae, -ārum** (*volvere*): drehbare Türflügel, Tor – **dē-mōlīrī** ab-, einreißen; h. abdecken — **sub dīvō** unter freiem Himmel

3 **dīcitur**: h. mit AcI — **magnō nātū** ~ *grandem natu* — **in prīmīs**: h. wörtlich zu übersetzen — **intróitus, -ūs** (*introire*): Eingang

4 **maculāre** (Makel!): beflecken — **sēmi-animis, -e** halbbeseelt/-tot — **cōnfestim** ↗ 2, 5

5 **īnferre** h. einscharren — **eōdem, quō iī** (*inferrentur*): Dies war ein Erdschlund bei Sparta namens Kaiádas. — **ad supplicium dare** ~ *supplicio afficere* — **procul** h. in einiger Entfernung — **posterius** ~ *postea* — **ēruere** ausgraben — **vītam pōnere** ~ 4 *animam efflare*; nach dem Schriftsteller Pausanias (2. Jh. n. Chr.) verlangte Apoll Sühne für die Verletzung des Asylrechts.

Aufgaben zur Interpretation

1 a) Wie entwickelt sich das Verhalten des Pausanias im Laufe der Vita, und welche Reaktionen ruft dies jeweils bei seiner Umwelt (bei den engen Vertrauten, den Ephoren in Sparta, der Mutter) hervor? L

b) Wie beurteilt Nepos das Verhalten der Ephoren?

c) Hat Pausanias seinen Tod selbst verschuldet?

2 Nepos greift nur wenige Stationen aus dem Leben des Pausanias heraus. Welche Triebfeder des Handelns stellt er dabei in den Vordergrund? L

3 Welche Funktion erfüllen die beiden Briefe in der Pausanias-Vita?

4 Welches Urteil des Nepos über Pausanias enthält der folgende Satz? *Sic Pausanias magnam belli gloriam turpi morte maculavit* (P 5, 4). Wo findet sich in der Vita eine vergleichbare Formulierung? L

5 Welche Gemeinsamkeiten und Unterschiede im Urteil über Pausanias werden im Vergleich zu Nepos bei den Aussagen
— des Herodot (9, 78—82: BT 1),
— des Thukydides (1, 128—130: BT 2) deutlich?

Begleittexte

1. Herodot (Historien 9, 78—79; 82)

78 In Plataiai stand Lampon, der Sohn des Pytheas, einer der Vornehmsten im Lande, im Heer der Aigineten. Eiligst kam er mit einem sehr frevelhaften Vorschlag zu Pausanias. Gleich bei seiner Ankunft sagte er voll Eifer: „Sohn des Kleombrotos, du hast eine außerordentlich große und schöne Tat vollbracht. Gott hat es dir vergönnt, Griechenland zu retten und, soweit wir wissen, von allen Griechen den größten Ruhm zu erwerben. Tue nun auch das übrige hinzu, damit dein Ruhm noch größer werde und ein Barbar sich in Zukunft hüte, gegen die Griechen zuerst zu freveln! Als nämlich Leonidas bei den Thermopylen fiel, haben ihm Mardonios und Xerxes den Kopf abschlagen und auf einen Pfahl stecken lassen. Wenn du nun Gleiches mit Gleichem vergiltst, dann werden dich zuerst die Männer von Sparta und dann auch die übrigen Griechen dafür rühmen. Wenn du Mardonios kreuzigst, hast du damit deinen Oheim Leonidas gerächt." Das sagte er im Glauben, sich damit Dank verdienen zu können. Pausanias aber antwortete:
79 „Freund aus Aigina, ich schätze dein Wohlwollen und deine Sorge um mich. Aber du bist dennoch hier auf dem falschen Weg. Du hast mich, mein Vaterland und meine Taten gepriesen. Aber gleichzeitig willst du mich tief erniedrigen, wenn du mir rätst, den Leichnam zu schänden, und mir sagst, ich würde meinen Ruhm dadurch vermehren. Das ziemt sich wohl mehr für Barbaren als für Griechen; aber auch an den Barbaren tadeln wir etwas Derartiges. Um diesen Preis will ich den Beifall der Aigineten nicht, auch nicht aller anderen, die ebenso denken. Mir genügt es, wenn die Lakedai-

monier mich für meine rechten Worte und Taten loben. Leonidas aber, den ich rächen soll, ist, so behaupte ich, schon sehr gerächt. Er ist durch die unzähligen Seelen dieser Toten geehrt und mit ihm alle, die bei Thermopylai gefallen sind. Du aber trete in Zukunft nicht mehr mit solchem Vorschlag und einem solchen Rat an mich heran. Sei froh, daß du so ungestraft ausgehst."

82 Man erzählt noch folgendes: Xerxes ließ dem Mardonios bei seiner Flucht aus Griechenland seine ganze Feldausrüstung zurück. Als Pausanias die Ausstattung des Mardonios, die aus Gold, Silber und goldenen Teppichen bestand, erblickte, befahl er den Bäckern und Köchen, ein Mahl zu richten gerade wie für Mardonios. Sie führten den Befehl aus. Da sah Pausanias die goldenen und silbernen Liegen mit schönen Decken, die goldenen und silbernen Tische und die großartige Zubereitung des Mahles. Tief beeindruckt von all den vor ihm liegenden Kostbarkeiten, befahl er seinen Dienern zum Spott, ein lakonisches Mahl zuzubereiten. Als die Tische gedeckt waren, zeigte sich der große Unterschied zwischen den beiden Mählern. Lachend rief Pausanias die griechischen Feldherrn herbei, wies auf die Beschaffenheit der beiden Mahlzeiten hin und sagte: „Griechen, ich habe euch rufen lassen, um euch die Torheit des Meders zu beweisen, der so üppig lebt und doch zu uns kam, uns bei unserer jammervollen Lebensweise zu berauben." So sprach Pausanias zu den Feldherrn der Griechen, wie man erzählt.

Übersetzt von Feix, J.: Herodot, Historien. 2 Bde., Ernst Heimeran Verlag, München o. J., S. 1229—1233.

2. Thukydides (1, 128—130)

[128] „Pausanias, Führer von Sparta, sendet dir, um dir gefällig zu sein, diese Kriegsgefangenen zurück, und ich tue dir den Vorschlag, wenn es dir auch recht ist, deine Tochter zu heiraten und dir Sparta und das übrige Hellas untertan zu machen. Ich glaube dazu imstande zu sein, wenn wir uns gemeinsam beraten. Sagt dir etwas zu von diesen Dingen, so sende einen zuverlässigen Mann an die Küste, durch den wir inskünftig miteinander reden können." Soviel besagte das Schreiben. [129] Xerxes freute sich über den Brief und sandte Artabazos, Pharnakes' Sohn, an die Küste, mit der Weisung, die Satrapie von Daskyleion zu übernehmen und Megabates, der sie bisher verwaltete, abzulösen, und gab ihm für Pausanias einen Antwortbrief mit, den er baldigst nach Byzanz bestellen solle unter Vorzeigung des Siegels, und wenn ihm Pausanias Aufträge gebe in Sachen des Königs, solle er sie aufs beste und treueste erfüllen. Wie nun Artabazos hinkam, tat er alles, wie ihm gesagt war, und übersandte den Brief. Darin stand folgende Ant-

wort: „So spricht König Xerxes zu Pausanias: Wegen der Männer, die du mir übers Meer aus Byzanz gerettet hast, soll dir die Wohltat in unserem Hause für immer zu Dank verzeichnet sein, und was du mir schriebst, sagt mir zu. Nicht Nacht noch Tag soll dich hemmen, daß du säumest zu tun, was du mir versprichst; kein Bedarf an Gold und Silber darf dich hindern, noch an Kriegsvolk, wenn du es irgendwo zur Stelle brauchst, sondern mit dem edlen Artabazos, den ich dir schicke, betreibe du unbedenklich meine und deine Dinge, wie es sich für uns beide am schönsten und besten fügt." [130] Als Pausanias dies Schreiben empfangen hatte, er, der schon vorher bei den Hellenen hoch angesehen war wegen seiner Führerschaft bei Plataia, da stieg sein Stolz noch viel höher; er konnte nicht mehr in der herkömmlichen Weise leben, sondern trug, als er Byzanz verließ, persische Tracht, umgab sich auf seinem Weg durch Thrakien mit einer persischen und ägyptischen Leibwache, ließ sich persische Mahlzeiten auftischen und konnte seine Gesinnung nicht verbergen, sondern gab durch kleine Züge seines Handelns zu erkennen, was sein Geist für später zu vollführen gedachte. Er erschwerte den Zugang zu sich und war so aufbrausend gegen alle ohne Unterschied, daß niemand ihm zu nahen wagte; das war ja auch ein Hauptgrund, warum die Verbündeten zu Athen übergingen.

Übersetzt von Landmann, G. P.: Thukydides. Geschichte des Peloponnesischen Krieges, Artemis Verlag Zürich und München 1960, S. 101—102.

Alkibiades

2.3 Alkibiades

(ca. 451 bis 404 v. Chr.)

Geschlecht des Alkmeon (Alkmeoniden)

POSEIDON: Sein Enkel ist NESTOR (Held vor Troja), dessen Urenkel:

ALKMEON (→ Alkmeoniden)

MEGAKLES (Archon; innenpolitischer Gegner des Peisistratos) ∞ Agariste (Tochter des Tyrannen von Sikyon)

KLEISTHENES (Begründer der athen. Demokratie 508/7) — HIPPOKRATES (nicht der Arzt!)

MEGAKLES — Agariste ∞ XANTHIPPOS (Sieger von Mykale 479)

Deinomache ∞ Kleinias († 447 bei Koroneia) — PERIKLES (Stratege 443—429; läßt den Parthenon bauen)

ALKIBIADES (Perikles' Pflegesohn; Stratege; läßt das Erechtheion bauen) ∞ Hipparete (Enkelin der Elpinike, der Tochter des Miltiades)

Alkibiades (A.) aus Athen suchte als Politiker im Peloponnesischen Krieg vor allem seinen Ehrgeiz zu befriedigen, mit der „Sizilischen Expedition" hat er seine Vaterstadt Athen ins Unglück gestürzt. Nach Herkunft (↗ Stammbaum) und Begabung hatte A. beste Voraussetzungen für die Nachfolge des Perikles, der ab 461 als leitender Staatsmann, ab 443 bis 429 auch noch als gewählter Stratege durch kluge Politik die Grundlage für die Blüte Athens schuf und dieser Epoche den Namen „Perikleisches Zeitalter" gab.

(Die meisten Ortsnamen sind in der Karte S. 23 zu finden!)

A. fand schon in früher Jugend viele Sympathien, u. a. bei Sokrates, mit dem er bei Potídaia (432) und Délion (424) kämpfte. Doch tieferen Einfluß auf die Charakterbildung des A. konnten weder Perikles noch Sokrates ausüben.

431 Beginn des Peloponnesischen Krieges (431—404).

429 Pest in Athen; Tod des Perikles.

424 Friedenskongreß von Gela: „Sizilien den Sikelioten!"

422 Sparta zieht bei Beginn der Friedensverhandlungen Níkias als Verhandlungsführer dem erstmals politisch aktiven A. vor.

421 Nikias-Friede — A. wird Anführer der athen. Kriegspartei; sein Ziel ist die völlige Isolierung Spartas.

418 Niederlage des A. bei der Strategenwahl.

416 Wahl des A. und des Nikias zu Strategen. Führende Rolle des A. bei der grausamen Unterwerfung der Insel Melos.
A. bewirtet nach seinem olympischen Sieg alle Gäste.

415/3 Sizilische Expedition

415 Wahl des A., Lámachos und Nikias zu Strategen.
Anzeige des A. wegen Hermenfrevels und Rückberufung — Flucht von Thúrioi in Unteritalien über Elis nach Sparta.

414 Landung des spartanischen Admirals Gýlippos auf Sizilien.

413 Katastrophe des athen. Heeres; Hinrichtung des Nikias.

413/04 Dekeleischer und Ionischer Krieg: letzter Kriegsabschnitt.

413 Umsturz der Oligarchie in Athen; Verbindung zu A.

412 Kriegseintritt Persiens: Tissaphérnes zahlt Sparta Geld. A. flieht zu Tissaphernes und verhandelt mit Peísandros (athen. Stratege und führender Oligarch) vor Samos; die demokratische Führung Athens ächtet den A. damals noch.

411 Athen: oligarchische Revolution; militärische Mißerfolge.
Die Flotte nimmt A. vor Samos auf: A. ihr Stratege.
Zwei athen. Seesiege bei Kynosséma (in den Dardanellen) und bei Ábydos durch A.' Eingreifen.

410/9 A.' glänzender Land- und Seesieg bei Kýzikos;
Wiedergewinnung des Bosporus;
Weihe des Nike-Tempels in Athen.

408 Triumphale Rückkehr des A. nach Athen.

407 Vernichtung der athen. Flotte (ohne A.!) durch Lysánder bei Nótion; Absetzung des A. und Rückzug auf seine Besitzungen in der thrakischen Chersonés.

406 Athens Sieg bei den Arginúsen; A.' Hilfe abgelehnt.

405 Entscheidende Niederlage Athens bei Aigospotamoí.

404 Athen. Kapitulation: Einsetzung der „30 Tyrannen" (Krítias, Therámenes u. a.) in Athen durch Lysander.
Flucht des A. zum Satrapen Pharnábazos, der ihn auf Betreiben des von Kritias gedrängten Lysander töten läßt.

403 Wiederherstellung der Demokratie und Aussöhnung der Gegner.

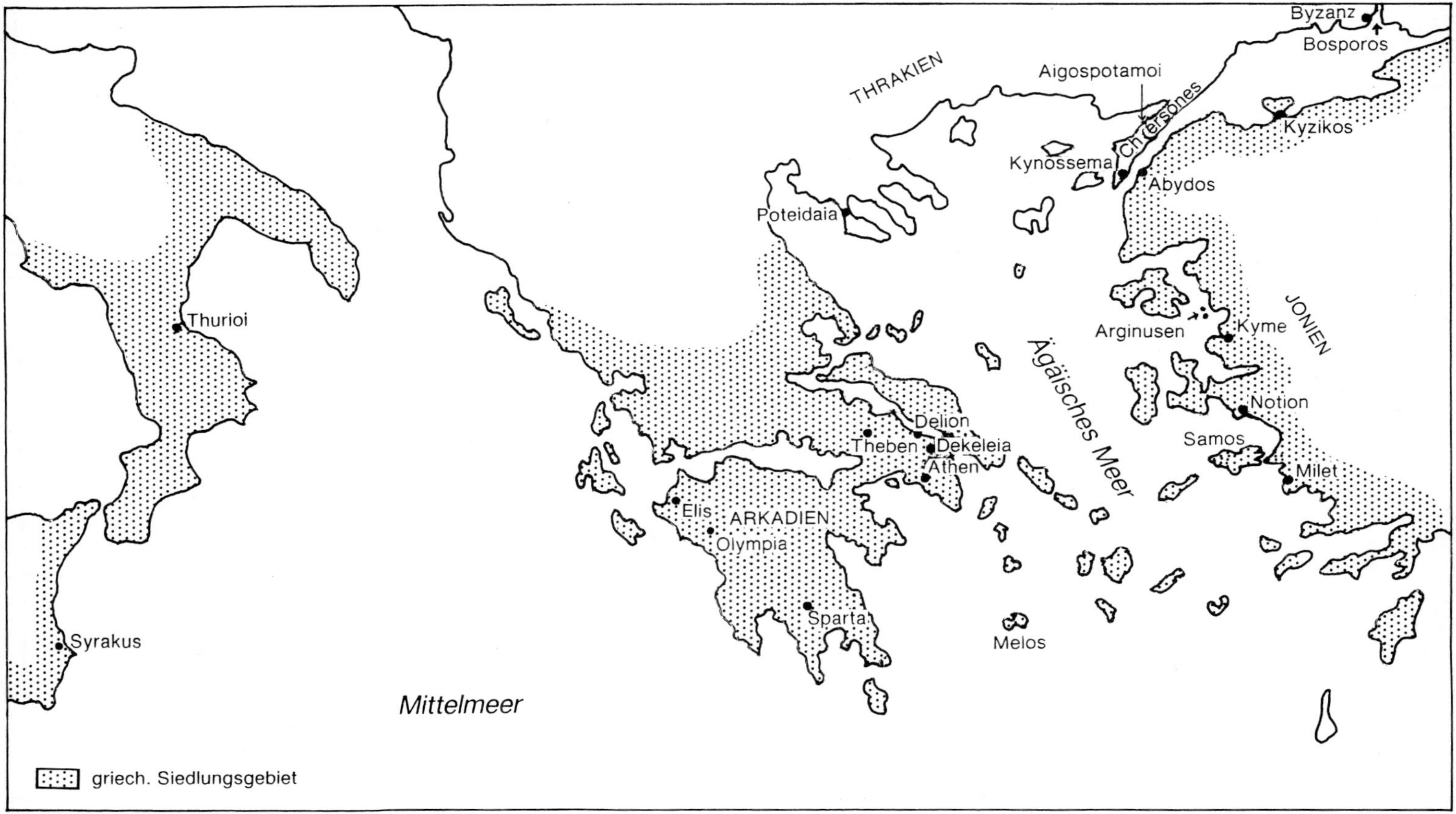
Byzanz
Bosporos
THRAKIEN
Aigospotamoi
Chersones
Kyzikos
Kynossema
Abydos
Poteidaia
Thurioi
Arginusen
Kyme
JONIEN
Ägäisches Meer
Notion
Delion
Theben
Dekeleia
Athen
Samos
Milet
Elis
ARKADIEN
Olympia
Sparta
Melos
Syrakus
Mittelmeer
griech. Siedlungsgebiet

1,1 Alcibiades, Clíniae filius, Atheniensis. In hoc quid natura efficere
possit videtur experta. Constat enim inter omnes, qui de eo me-
moriae prodiderunt, nihil illo fuisse excellentius vel in vitiis vel in
2 virtutibus. Natus in amplissima civitate summo genere, omnium
aetatis suae multo formosissimus, ad omnes res aptus consiliique
plenus — namque imperator fuit summus et mari et terra —,
disertus, ut in primis dicendo valeret, quod tanta erat commendatio
3 oris atque orationis, ut nemo ei dicendo posset resistere, dives, cum
tempus posceret, laboriosus, patiens, liberalis, splendidus non mi-
nus in vita quam victu, affabilis, blandus, temporibus callidissime
4 serviens: idem, simulac se remiserat neque causa suberat, quare
animi laborem perferret, luxuriosus, dissolutus, libidinosus, intem-
perans reperiebatur, ut omnes admirarentur in uno homine tantam
esse dissimilitudinem tamque diversam naturam.

1,1 **Clīniās, -ae:** Kleinias stammte aus der Adelsfamilie der Eumolpiden (↗ 4, 5) — **excellēns, -ntis** (*excellere*): hervorragend; h. auffallend;

2 **cōnsiliī plēnus** h. (in Rat und Tat) äußerst klug; *consilium* h. Einsicht, Klugheit (↗ P 1, 2) — **namque** = *nam* (↗ P 1, 2) — **summus, -a, -um** h. ganz hervorragend — **disertus, -a, -um** (*dis-serere*): redegewandt — **in prīmīs dīcendō valēre** als einer der ersten Redner gelten — **commendātiō** Empfehlung; das Gewinnende — **ōs** bezeichnet die Stimme (Organ), **ōrātiō** den Vortrag (Stil).

3 **cum** (mit Konj.: nkl.): immer wenn — **splendidus, -a, -um** h. prunkliebend, verschwenderisch — **vīta** h. Lebensstil (in der Öffentlichkeit) — **vīctus, -ūs** persönliche Bedürfnisse — **nōn minus in vītā quam** (*in*) **vīctū:** Nepos setzt bei mehrgliedrigen Ausdrücken die Präposition oft nur einmal (Lupus 83–85). — **affābilis, -e** (*ad-fari*): ansprechbar (für alle Leute), zugänglich — **blandus, -a, -um** (*blandiri* schmeicheln): reizend, charmant — **temporibus servīre**: sich den (Zeit-) Umständen anpassen

4 **īdem** (sc. *Alcibiades*): zugleich, daneben aber (bei weiteren Eigenschaften derselben Person) — **simulac** sobald (als) — **sē remittere** sich entspannen, ausspannen — **causa subest** (~ *est*), **quārē** (= *cur*) — **animī**: im Dt. Adj. — **perferret:** im Dt. Plqpf. — **dissolūtus, -a, -um** (*dis-solvere*): „aufgelöst“, schlaff, unordentlich — **libīdinōsus, -a, -um** (*libet; libido* Trieb, Willkür): leidenschaftlich, ausschweifend — **intemperāns, -ntis** (*temperare*): unbeherrscht — **dissimilitūdō, -inis** (*dis-similis*): h. Unausgeglichenheit — **dīversa nātūra** widersprüchliches Wesen

2,1 Educatus est in domo Pericli — privignus enim eius fuisse dicitur —, eruditus a Socrate; socerum habuit Hipponicum, omnium Graeca lingua loquentium ditissimum, ut, si ipse fingere vellet, neque plura bona reminisci neque maiora posset consequi, quam vel natura vel fortuna tribueret.

Perikles. Idealisierte Darstellung

Sokrates

2.1 **Periclēs, -ī**: zum Gen. ↗ S. 9 — **prīvīgnus, -ī** (privus + *gi-gn-o*: gesondert/in einer früheren Ehe geboren): Stiefsohn; tatsächlich war Alkibiades Perikles' entfernter Neffe ↗ Stammbaum S. 21 und *Hipponicus.*

Sōcratēs, -is: Im Gespräch/Dialog suchte er durch unerbittliches Fragen und Mahnen nach der Wahrheit und nach Grundsätzen für das richtige Handeln; seine *Philosophie* (↗ gr. *phílos*/Freund und *sophía*/Weisheit) brachte ihm viel Feindschaft, ja den Tod (399), er begeisterte aber auch viele Jugendliche, u. a. Alkibiades. — **socer, -erī** Schwiegervater — **Hipponīcus** (-ī): Hippónikos († 422); Alkibiades heiratete seine Tochter Hipparete; da deren Mutter nach ihrer Scheidung Perikles heiratete, wurde Alkibiades der „Stief-Schwiegersohn", nicht der Stiefsohn des Perikles. — **dī***(vi)***tissimus, -a, -um** — **fingere** h. sich ausmalen, aussuchen — **vellet**: im Dt. Plqpf. — **reminīscī** h. sich ausdenken — **posset**: wie *vellet* — **tribueret:** Modusangleichung

3,1 Bello Peloponnesio huius consilio atque auctoritate Athenienses
bellum Syracusanis indixerunt. Ad quod gerendum ipse dux delec- (415)
2 tus est, duo praeterea collegae dati, Nicias et Lamachus. Id cum
appararetur, priusquam classis exiret, accidit, ut una nocte omnes
Hermae, qui in oppido erant Athenis, deicerentur praeter unum, qui
ante ianuam erat Andócidi. Itaque ille postea Mercurius Andocidi
3 vocitatus est. Hoc cum appareret non sine magna multorum con-
sensione esse factum, quae non ad privatam, sed publicam rem
pertineret, magnus multitudini timor est iniectus, ne qua repentina
4 vis in civitate exsisteret, quae libertatem opprimeret populi. Hoc
maxime convenire in Alcibiadem videbatur, quod et potentior et
maior quam privatus existimabatur: multos enim liberalitate de-
5 vinxerat, plures etiam opera forensi suos reddiderat. Qua re fiebat,
ut omnium oculos, quotienscumque in publicum prodisset, ad se
converteret neque ei par quisquam in civitate poneretur. Itaque non
solum spem in eo habebant maximam, sed etiam timorem, quod
6 et obesse plurimum et prodesse poterat. Aspergebatur etiam infa-

---

3,1 **bellum Peloponnēsium**: zum Peloponnesischen Krieg ↗ S. 21 f. — **Syracūsānī, -ōrum** Bewohner von Syrakus — **dux, ducis** h. Stratege; die Wiedergabe ausländischer Begriffe mit lateinischen (h. *dux*) nennt man *‚interpretatio Romana'*. — **datī** (*sunt*) — **Nīciās, -ae** Nikias; verdienter Stratege und Staatsmann ↗ S. 21 f. — **Lamachus, -ī** Lamachos; Mitstratege der „Sizilischen Expedition", 414 vor Syrakus gefallen

2 **ap-parāre id** (*bellum*): zum Krieg rüsten, mobilmachen — **exīre** h. auslaufen; der Konj. nach **prius-quam** bezeichnet bei Nepos auch die bloße Tatsache (Lupus 156). — **Hermēs** (*-a*), **-ae** m. (lat. *Mercurius*): die Hermessäule; Pfeiler mit einem Hermeskopf standen auf vielen Straßen und Plätzen Athens. — **dē-icere**: Nach Thukydides (VI 27) wurden die Hermen nur verstümmelt. — **iānua, -ae** die Haustür — **Andocidēs, -ī** (zum Gen. ↗ S. 9): Andokides, bekannter Redner in Athen († ca. 390) — **vocitāre** ~ *vocare*

3 **hoc**: Subj. im AcI; zur Konstruktion ↗ S. 62 — **cōnsēnsiō, -ōnis** Übereinstimmung; h. Verabredung, Verschwörung (*magna* „weitreichende") — **quae ... pertinēret**: Der Konj. der innerlichen Abhängigkeit bezeichnet die Meinung der Masse. — **ad:** Präposition nur einmal gesetzt ↗ 1, 3 — **repentīna vīs** h. Staatsstreich — **opprimeret**: zum Konj. ↗ *pertineret*

4 **convenīre in** zutreffen auf, passen zu — **prīvātus** Privatmann — **dēvincīre** h. (ganz) an sich fesseln, für sich gewinnen — **opera forēnsis** Tätigkeit auf der Agorá (dem Forum), politische und (wohl) gerichtliche Tätigkeit; ↗ 3, 1 *dux* — **alqm suum reddere** jd zu seinem Anhänger machen

5 **in pūblicum prōdīre** sich in der Öffentlichkeit zeigen — **prōdīsset**: Konj. wegen Modusangleichung — **pōnī** ~ *existimari* — **obesse** schaden

6 **aspergere** (*ad* + *spargere*): „an-spritzen"; beflecken, verunglimpfen —

mia, quod in domo sua facere mysteria dicebatur (quod nefas erat
more Atheniensium) idque non ad religionem, sed ad coniuratio-
nem pertinere existimabatur.
4,1 Hoc crimine in contione ab inimicis compellabatur. Sed instabat
tempus ad bellum proficiscendi. Id ille intuens neque ignorans
civium suorum consuetudinem postulabat, si quid de se agi vellent,
potius de praesente quaestio haberetur, quam absens invidiae cri-
2 mine accusaretur. Inimici vero eius quiescendum in praesenti, quia
noceri non posse intellegebant, et illud tempus exspectandum de-
creverunt, quo exisset, ut absentem aggrederentur; itaque fecerunt.
3 Nam postquam in Siciliam eum pervenisse crediderunt, absentem,
quod sacra violasset, reum fecerunt. Qua de re cum ei nuntius a
magistratu in Siciliam missus esset, ut domum ad causam dicendam
rediret, essetque in magna spe provinciae bene administrandae, non
parere noluit et in trierem, quae ad eum erat deportandum missa,
4 ascendit. Hac Thurios in Italiam pervectus, multa secum reputans
de immoderata civium suorum licentia crudelitateque erga nobiles,
utilissimum ratus impendentem evitare tempestatem, clam se ab
custodibus subduxit et inde primum Elidem, dein Thebas venit.

īn-fāmia h. üble Nachrede (wohl Abl.) — **mystēria** (*-orum*) **facere** Mysterien abhalten, feiern (nachäffen); Mysterien waren geheimnisvolle gottesdienstliche (nicht von Privatpersonen veranstaltete) Zusammenkünfte, zu denen nur Eingeweihten der Zutritt offenstand. Am berühmtesten waren die Mysterien von Eleusis zu Ehren der Demeter (*Ceres*). — **religiō** h. religiöse Feier

4,1 **compellāre** (*pellere*): anreden; h. zur Rede stellen — **intuērī** betrachten; h. im Auge haben — **postulat**: mit bloßem Konj. (*haberetur . . . accusaretur*) — **dē** (*se*) **praesente** — **invidiae crīmine** auf eine gehässige Anschuldigung hin

2 **in praesentī** ~ *in praesentia (rerum)*: für den Augenblick — **exīsset** ↗ P 4, 1 *pertulisset* — **absentem**: präd. — **itáque** ~ *et ita*

3 **sacra** (= *mysteria*) **violāre** Religionsfrevel begehen — **violāsset**: obliquer Konj. wie 3, 3 *pertineret* — **magistrātus, -ūs** h. der amtierende Archon — **causam dīcere** sich (die „Rechtssache") verteidigen — **essetque** ~ *et cum* (h. konzessiv) *esset* — **prōvincia** h. Amt, Auftrag — (*non parere noluit*) **et** ~ *sed* — **triēris** (*navis*) f.: Triere; Kriegsschiff mit drei übereinander angeordneten Ruderreihen — **dēportāre** wegbringen; h. zurückholen

4 **Thūriī, -ōrum** Thurioi; athenische Tochterstadt am Golf von Tarent, die der Zwischenlandung bei der Fahrt von Sizilien nach Griechenland diente — **pervehī** ~ *pervenire* — **ergā**: gelegentlich im feindlichen Sinn — **ēvītāre** ~ *vitare* — **Ēlis, -idis**: Stadt/Landschaft im Nordwesten der Peloponnes, *Elidem* konstruiert wie *Thebas* ↗ P 2, 1 *Hellespontum* — **dein** ~ *deinde* — **Thebae, -ārum** Theben; Hauptstadt von Böotien, mit Sparta verbündet

5 Postquam autem se capitis damnatum bonis publicatis audivit et
— id quod usu venerat — Eumolpidas sacerdotes a populo coactos,
ut se devoverent, eiusque devotionis quo testatior esset memoria,
exemplum in pila lapidea incisum esse positum in publico, Lace-
6 daemonem demigravit. Ibi, ut ipse praedicare consueverat, non
adversus patriam, sed inimicos suos bellum gessit, quod eidem
hostes essent civitati: nam cum intellegerent se plurimum prodesse
posse rei publicae, ex ea eiecisse plusque irae suae quam utilitati
7 communi paruisse. Itaque huius consilio Lacedaemonii cum Perse (412)
rege amicitiam fecerunt, dein Deceleam in Attica munierunt prae- (413)
sidioque ibi perpetuo posito in obsidione Athenas tenuerunt. Eius-
dem opera Ioniam a societate averterunt Atheniensium. Quo facto
multo superiores bello esse coeperunt.

---

5 **Postquam . . . audīvit**: mit AcI (dreimal); zur Konstruktion ↗ S. 62 — **bona pūblicāre** das Vermögen konfiszieren, einziehen — **bonīs pūblicātīs**: nkl. kann auch das PPP den begleitenden (gleichzeitigen) Umstand bezeichnen. — **id quod ūsū vēnerat** was (auch früher schon) eingetreten war, wie üblich — **Eumolpidae (-ārum)**: die Eumolpiden, alte Priesterfamilie, benannt nach dem sagenhaften Stifter der Eleusinischen Mysterien Eumolpus; sie konnten einen Frevler gegen die Mysterien feierlich aus der Bürgergemeinschaft ausstoßen, womit die Strafe der Verbannung verbunden war. — **cōgere:** In der Bedeutung „zwingen" nur vereinzelt mit *ut* konstruiert; was steht sonst? — **dēvovēre** (dazu *devotio, -onis*): verfluchen — **testātus, -a, -um** bezeugt; h. beurkundet — **exemplum, -ī** h. Abschrift (*eius devotionis*) — **pīla lapidea** Steinsäule („Stéle") — **incīdere** einhauen, einmeißeln — **in pūblicō pōnere** öffentlich aufstellen — **esse**: zu *positum* — **Lacedaémonem** ↗ P 5, 1 — **dēmigrāvit** ~ *iit*

6 **praedicāre** ~ *dicere* — **adversus:** Präposition nur einmal gesetzt ↗ 1, 3 — **eīdem** ↗ 1, 4 — **cum**: wohl konzessiv (wie läßt sich eine kausale Auffassung rechtfertigen?) — **ēiēcisse**: sc. *eos* (Subj.) *se* (*Alcibiadem*: Obj.) — **īra** Haß-, Rachegefühl

7 **Persēs rēx** = *rex Persarum*; hier Dareios II. (424—404 v. Chr.), Enkel des Xerxes — **dein** ↗ 4, 4 — **Decelēa (-ae)**: Dekéleia; Grenzfestung in Attika, seit 413 v. Chr. von den Spartanern fortwährend besetzt — **obsidiō, -ōnis** (*obsidēre*): Belagerung(szustand) — **eiusdem** ↗ 1, 4 — **operā** *alcs* auf jds Betreiben — **Iōnia, -ae**: Diese Landschaft in Westkleinasien gehörte seit den Perserkriegen mit den vorgelagerten Inseln weitgehend zum „Attisch-Delischen Seebund" — **āvertere** ~ *abalienare*

5,1 Neque vero his rebus tam amici Alcibiadi sunt facti quam timore
ab eo alienati. Nam cum acerrimi viri praestantem prudentiam in
omnibus rebus cognoscerent, pertimuerunt, ne caritate patriae duc-
tus aliquando ab ipsis descisceret et cum suis in gratim rediret.
2 Itaque tempus eius interficiundi quaerere instituerunt. Id Alcibia-
des diutius celari non potuit: Erat enim ea sagacitate, ut decipi non
posset, praesertim cum animum attendisset ad cavendum. Itaque
3 ad Tissaphernem, praefectum regis Darii, se contulit. Cuius cum in (412)
intimam amicitiam pervenisset et Atheniensium male gestis in
Sicilia rebus opes senescere, contra Lacedaemoniorum crescere
videret, initio cum Pisandro praetore, qui apud Samum exercitum
habebat, per internuntios colloquitur et de reditu suo facit mentio-
nem. Erat enim eodem, quo Alcibiades, sensu, populi potentiae non
4 amicus et optimatium fautor. Ab hoc destitutus primum per Thra-
sybulum, Lyci filium, ab exercitu recipitur praetorque fit apud
Samum, post suffragante Theramene populi scito restituitur pari- (411)
que absens imperio praeficitur simul cum Thrasybulo et Thera-

---

5,1 **neque vērō tam ... quam** aber nicht so sehr ... als vielmehr — **aliēnārī** (*alienus*) *ab aliquo* einem fremd/feind werden — **ācer, ācris, ācre** h. tatkräftig — **praestāns, -ntis** h. überragend, außergewöhnlich — **per-timēscere** (*pertimui; timēre*): in große Angst geraten — **dē-scīscere ab** ~ *deficere ab* — **in grātiam red-īre** sich wieder aussöhnen — **tempus** h. ~ *occasio* — **īnstituērunt** ~ *coeperunt*

2 **sagācitās, -ātis** Spürsinn, Scharfsinn — (*praesertim*) **cum** („wenn"): ↗ 1, 3 — **animum attendisse ad** die Aufmerksamkeit gerichtet haben/bedacht sein auf — **Tissaphernēs (-is)**: unter Dareios II. (↗ 4, 7) Satrap (lat. *praefectus*; *interpretatio Romana*) in Lydien und Karien (SW-Kleinasien)

3 **rem (male) gerere** (ohne Erfolg) kämpfen; *res male gestae*: im Dt. ein Subst. — **senēscere** (*senex, senis*): alt werden, schwinden — **contrā** h. Adverb — (*opes*) **Lacedaemoniōrum** ↗ praef. 7 — **initiō**: 5, 4 fortgeführt — **Pīsander (-drī)**: Peisandros ↗ S. 22 (412) — **praetor, -ōris** (*prae-ire*): h. Stratege ↗ 3, 1 *dux* — **Samus, -ī**: Die der Westküste Kleinasiens vorgelagerte Insel Samos blieb Athen bis Kriegsende treu. — **per internūntiōs colloquī** durch Mittelsmänner Verhandlungen aufnehmen — **mentiōnem facere** *de aliqua re* etwas erwähnen — **sēnsus, -ūs** h. politische Einstellung — **optimātium fautor** (*favere*): h. ein Anhänger der Oligarchie (*interpretatio Romana*)

4 **dēstituere** h. abweisen — **per Thrasybūlum** durch Vermittlung des Thrasýbulos; athenischer Stratege bei der Flotte, die immer eine Hüterin der Demokratie war. — **praetor**: ↗ 5, 3 — **post** ~ *postea* — **suffrāgārī** (*suffragium*): stimmen für, unterstützen — **Thērāmenēs** (*-is*): athenischer Stratege, ↗ S. 22 (404) — **scītum** (*scire*): Beschluß — **restituere** h. rehabilitieren — **parī imperiō praeficere** h. zum Strategen mit gleichem Rang ernennen

5 mene. Horum in imperio tanta commutatio rerum facta est, ut
Lacedaemonii, qui paulo ante victores viguerant, perterriti pacem (410)
peterent. Victi enim erant quinque proeliis terrestribus, tribus na-
valibus, in quibus ducentas naves triremes amiserant, quae captae
6 in hostium venerant potestatem. Alcibiades simul cum collegis
receperat Ioniam, Hellespontum, multas praeterea urbes Graecas,
quae in ora sitae sunt Asiae, quarum expugnarant complures, in his
Byzantium, neque minus multas consilio ad amicitiam adiunxe- (410/8)
7 rant, quod in captos clementia fuerant usi. Ita praeda onusti, locu-
pletato exercitu, maximis rebus gestis Athenas venerunt.

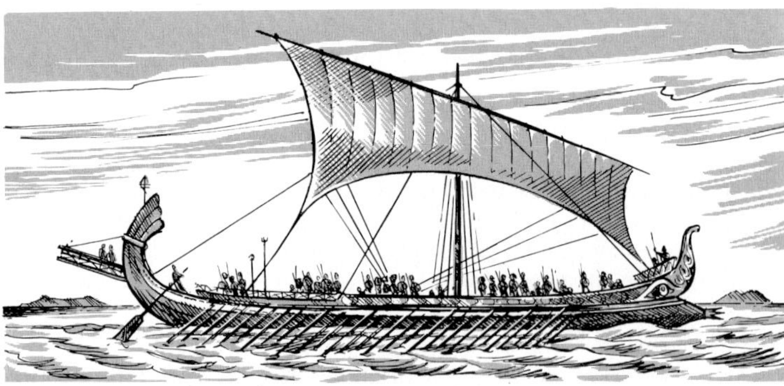

Attische Triere. Das Kriegsschiff war etwa 40 m lang und 5 m breit. Die Kampfbesatzung bestand aus zehn bis 14 Hopliten und vier Bogenschützen. Etwa 170 Ruderer saßen in drei Reihen übereinander. Bei günstigem Wind wurden die Ruderer durch Segel unterstützt. Im Gefecht versuchte man zunächst, die Ruder der feindlichen Schiffe abzufahren, um dann den Gegner mit dem Rammsporn in den Grund zu bohren.

---

5 **in imperiō** h. während des Oberkommandos — **commūtātiō rērum** h. Veränderung der (h. militärischen) Lage — **vigēre** h. überlegen sein — **pācem peterent**: nach dem glänzenden Sieg des Alkibiades bei Kyzikos 410 v. Chr. — **quīnque proeliīs terrestribus, tribus nāvālibus**: ↗ S. 22 — **nāvis tri-rēmis** (*tres, remus*): Dreiruderer, Triere (↗ Abb.)

6 **recipere** h. zurückerobern — **Iōnia, -ae** ↗ 4, 7 — **Hellēspontus, -ī** ↗ P 2, 1 — **Bȳzantium -ī** ↗ P 2, 2 — **cōnsilium, -ī** h. Weg der Diplomatie — **ūsī fuerant** ~ *usi erant* — **ad amīcitiam adiungere** für ein Bündnis gewinnen

7 **onustus, -a, -um** (*onus*): beladen — **locuplētārī** sich bereichern

6,1 His cum obviam universa civitas in Piraeum descendisset, tanta fuit
omnium exspectatio visendi Alcibiadis, ut ad eius triremem vulgus (408)
2 conflueret, proinde ac si solus advenisset. Sic enim populo erat
persuasum, et adversas superiores et praesentes secundas res acci-
disse eius opera. Itaque et Siciliae amissum et Lacedaemoniorum
victorias culpae suae tribuebant, quod talem virum e civitate ex-
pulissent. Neque id sine causa arbitrari videbantur. Nam postquam
exercitui praeesse coeperat, neque terra neque mari hostes pares esse
3 potuerant. Hic ut e navi egressus est, quamquam Theramenes et
Thrasybulus eisdem rebus praefuerant simulque venerant in Pi-
raeum, tamen unum omnes illum prosequebantur, et, id quod num-
quam antea usu venerat nisi Olympiae victoribus, coronis aureis
taeniisque vulgo donabatur. Ille lacrumans talem benivolentiam
civium suorum accipiebat, reminiscens prístini temporis acerbita-
4 tem. Postquam astu venit, contione advocata sic verba fecit, ut
nemo tam ferus fuerit, quin eius casum inlacrumarit inimicumque
iis se ostenderit, quorum opera patria pulsus fuerat, proinde ac si
alius populus, non ille ipse, qui tum flebat, eum sacrilegii damnas-
5 set. Restituta ergo huic sunt publice bona, eidemque illi Eumólpidae
sacerdotes rursus resacrare sunt coacti, qui eum devoverant, pilae-
que illae, in quibus devotio fuerat scripta, in mare praecipitatae.

6,1 **Pīraeus, -ī** Piräus, Hafen von Athen — **vīsere** ~ *vidēre* — **trirēmis** ↗ 5, 5 — **proinde ac sī** gerade als ob

2 **superior** h. ~ *prior* — **eius operā** ↗ 4, 7 — **ā-missus, -ūs** (*amittere*): Verlust — **culpae suae tribuere** ~ *sibi culpae tribuere* — **coeperat**: Das Plqpf. nach *postquam* (seitdem) wie im Hauptsatz (wie im klassischen Latein: Lupus 154)

3 **nāvī** (Abl.): oft ~ *nave* — **rēs** h. die Aufgabe, das militärische Unternehmen — **Thērāmenēs, Thrasybūlus** ↗ 5, 4 — **prōsequī** begleiten, geleiten — **id quod ūsū vēnerat** ↗ 4, 5 — **taenia, -ae** (griech.): Band, Siegerbinde; bei öffentlichen Festspielen wurden sie den Wettkämpfern oft verliehen oder zugeworfen. — **vulgō** (Adv.): allgemein; h. von allen Seiten — **lacrumāns** ↗ S. 9 **beni-volentia**: andere Schreibweise für *benevolentia* — **acerbitās** „Bitterkeit“, Mißgeschick

4 **astu** (griech.) n.: die Hauptstadt (h. Athen); ↗ *urbs* (Rom); *astu* wie ein Städtename konstruiert — **ferus, -a, -um** h. gefühllos — **fuerit/in-lacrumārit** (↗ 3)/**ostenderit**: absolutes Tempus im Konsekutivsatz — **quīn** ~ *qui non* — **operā** *alcs* ↗ 4, 7 — (*pulsus*: + abl. separat.) **fuerat** ↗ 5, 6 und 6, 5 — **proinde ac sī** ↗ 6, 1 — **sacrilegium** Religionsfrevel (↗ 3, 6)

5 **restituere** h. zurückerstatten — **Eumolpidae sacerdōtēs** ↗ 4, 5 — **re-sacrāre** (*eum*): vom Fluche befreien — **rursus**: pleonastisch — **praecipitātae** (*sunt*)

7,1 Haec Alcibiadi laetitia non nimis fuit diuturna. Nam cum ei omnes
essent honores decreti totaque res publica domi bellique tradita, ut
unius arbitrio gereretur, et ipse postulasset, ut duo sibi collegae
darentur, Thrasybulus et Adimantus, neque id negatum esset, classe
in Asiam profectus, quod apud Cymen minus ex sententia rem
gesserat, in invidiam recidit. Nihil enim eum non efficere posse
2 ducebant. Ex quo fiebat, ut omnia minus prospere gesta culpae
tribuerent, cum aut eum neglegenter aut malitiose fecisse loqueren-
tur, sicut tum accidit: nam corruptum a rege capere Cymen noluisse
3 arguebant. Itaque huic maxime putamus malo fuisse nimiam opi-
nionem ingenii atque virtutis: timebatur enim non minus quam
diligebatur, ne secunda fortuna magnisque opibus elatus tyranni-
dem concupisceret. Quibus rebus factum est, ut absenti magistra-
4 tum abrogarent et alium in eius locum substituerent. Id ille ut (407)
audivit, domum reverti noluit et se Pactyen contulit ibique tria
castella communiit, Ornos, Bizanthen, Neontichos, manuque con-
lecta primus Graecae civitatis in Thraeciam introiit, gloriosius exi-
5 stimans barbarum praeda locupletari quam Graiorum. Qua ex re
creverat cum fama tum opibus, magnamque amicitiam sibi cum
quibusdam regibus Thraeciae pepererat.

7,1 **Alcibiadī:** Dativ (Lupus 12) für A. — **dēcernere** (durch Volksbeschluß) zuerkennen — **domī bellīque** ~ *domi militiaeque* — **Adīmántus** Adeímantos; oligarchischer Politiker Athens, auch in den Gefechten von 406/5 als Stratege beteiligt — **Cȳmē, -ēs** (griech. Akk. *-ēn*): Kyme; Stadt im NW Kleinasiens. A. hatte einen Plünderungszug dorthin unternommen; inzwischen ließ sich sein Stellvertreter gegen A.s Befehl mit dem spartanischen Admiral *Lysander* (↗ Kap. 8 und S. 22: 407 und 404) in ein Gefecht ein und wurde geschlagen. — **ex sententiā** nach Wunsch (der Athener) — **rem gerere** ↗ 5, 3

2 **dūcere** (+ AcI): ~ *putare* — **culpae** (*Alcibiadi*) **tribuerent** ↗ 6, 2 — **malitiōsē** böswillig — **cum** (. . . *loquerentur*): wobei — **arguēbant** (*eum*) **ā rēge** *(Persarum)* **corruptum** . . .

3 **nimia opīniō ingeniī atque virtūtis** die allzu vorteilhafte Meinung, die man von . . . hatte — **nē**: auf das fernerstehende *timebatur* bezogen — **ēlātus** + Abl. ↗ P 1, 3 — **tyrannis, -idis** (griech.): Tyrannis; Alleinherrschaft — **concupīscere** ↗ P 1, 3 — **absentī**: präd. (sc. *ei*) — **abrogāre** durch Volksbeschluß aberkennen, entziehen — **in locum substituere** an die Stelle setzen

4 **Pactyē, -ēs** (*-ēn* ↗ 7, 1): Paktye; liegt wie die Orte *Ornī* (Akk. *-ōs*), *Bizanthē, Neontīchos* (n. griech.: *néon, teíchos*: „Neuburg") auf der thrakischen Chersonés an der Propóntis (griech.: „Vormeer"; heute Marmarameer) — **prīmus Graecae cīvitātis** als erster von einer griechischen Polis — **in Thraeciam introīre** h. in das Innere von Thrakien eindringen — **barbarum** ~ *barbarorum* — **locuplētārī** ↗ 5, 7 — **Grāiōrum** (↗ praef. 3): ~ *Graecorum*

8,1 Neque tamen a caritate patriae potuit recedere. Nam cum apud
Aegos flumen Philocles, praetor Atheniensium, classem constituis-
set suam neque longe abesset Lysander, praetor Lacedaemoniorum, (405)
qui in eo erat occupatus, ut bellum quam diutissime duceret, quod
ipsis pecunia a rege suppeditabatur, contra Atheniensibus exhaustis
2 praeter arma et navis nihil erat super, Alcibiades ad exercitum venit
Atheniensium ibique praesente vulgo agere coepit: si vellent, se
coacturum Lysandrum dimicare aut pacem petere; Lacedaemonios
eo nolle classe confligere, quod pedestribus copiis plus quam na-
3 vibus valerent; sibi autem esse facile Seuthem, regem Thraecum,
adducere, ut eum terra depelleret: quo facto necessario aut classe
4 conflicturum aut bellum compositurum. Id etsi vere dictum Philo-
cles animadvertebat, tamen postulata facere noluit, quod sentiebat
se Alcibiade recepto nullius momenti apud exercitum futurum et,
si quid secundi evenisset, nullam in ea re suam partem fore, contra
ea, si quid adversi accidisset, se unum eius delicti futurum reum.
5 Ab hoc discedens Alcibiades „Quoniam“ inquit „victoriae patriae
repugnas, illud moneo, iuxta hostem castra habeas nautica: pericu-
lum est enim, ne immodestia militum vestrorum occasio detur
6 Lysandro vestri opprimendi exercitus.“ Neque ea res illum fefellit.
Nam Lysander, cum per speculatores comperisset vulgum Athenien-
sium in terram praedatum exisse navesque paene inanes relictas,
tempus rei gerendae non dimisit eoque impetu bellum totum delevit.

8,1 **recēdere** h. entsagen, lassen (von) — **Aegos flumen:** griech. *Aigós*: Gen. Sg.; *potamoí*: Nom. Pl.; also: „Ziegenflüsse“ — **praetor** ↗ 5, 3 — **classem cōnstituere** (t. t.) die Flotte vor Anker legen — **in eō** (n.) **erat occupātus** er war beschäftigt mit, er ging darauf aus — **bellum dūcere** den Krieg hinauszögern („hinziehen“) — **ā rēge** (*Persarum*) — **suppeditāre** h. reichlich zur Verfügung stellen — **contrā** ↗ 5, 3 — **erat super** ~ *supererat*

2 **praesente vulgō** (h. „Kriegsvolk“): vor versammelter Mannschaft

3 **Seuthēs (-is)**: König der Thraker (*Thraeces, -um*), mit Alkibiades befreundet — **eum**: *Lysandrum* — **necessariō** (Adv.): notgedrungen — **cōnflīctūrum/compositūrum** (*esse*): *Lysandrum* (Subj.) — **(bellum) compōnere** beilegen

4 **postulāta facere** h. auf die Vorschläge eingehen — **nūllīus mōmentī esse** von keiner Bedeutung sein, keinerlei Einfluß haben — **ēvēnisset/accidisset** ↗ P 4, 1 *pertulisset* — **reus** h. der Schuldige

5 **re-pugnāre** sich widersetzen — **castra nautica habēre** einen befestigten Landeplatz anlegen — **im-modest-ia** (*modestus*): h. Disziplinlosigkeit

6 **speculātor** (*spectare*): Späher — **vulgus, -ī** hier m.: Kriegsvolk, Flottenbesatzung — **praedātum**: Supin auf *-um* von *praedari* Beute machen — **exīre** h. ausschwärmen — **tempus** ↗ 5, 1 — **rem gerere** ↗ 5, 3 — **dīmittere** ~ *praetermittere* — **impetū bellum dēlēre** den Krieg mit einem Schlag beenden

9,1 At Alcibiades, victis Atheniensibus, non satis tuta eadem loca sibi
arbitrans, penitus in Thraeciam se supra Propontidem abdidit,
2 sperans ibi facillime suam fortunam occuli posse. Falso. Nam
Thraeces, postquam eum cum magna pecunia venisse senserunt,
insidias fecerunt: qui ea, quae apportarat, abstulerunt, ipsum capere
3 non potuerunt. Ille cernens nullum locum sibi tutum in Graecia
propter potentiam Lacedaemoniorum, ad Pharnabazum in Asiam
transiit; quem quidem adeo sua cepit humanitate, ut eum nemo in
amicitia antecederet. Namque ei Grynium dederat, in Phrygia ca-
4 strum, ex quo quinquagena talenta vectigalis capiebat. Qua fortuna
Alcibiades non erat contentus neque Athenas victas Lacedaemoniis
servire poterat pati. Itaque ad patriam liberandam omni ferebatur
5 cogitatione. Sed videbat id sine rege Perse non posse fieri, ideoque
eum amicum sibi cupiebat adiungi neque dubitabat facile se con-
secuturum, si modo eius conveniundi habuisset potestatem. Nam
Cyrum fratrem ei bellum clam parare Lacedaemoniis adiuvantibus
sciebat: id si aperuisset, magnam se initurum gratiam videbat.

9,1 **eadem loca** ↗ 7, 4 — **penitus in Thraeciam suprā Propontidem** ganz in das Innere von Thrakien jenseits der Propontis (↗ 7, 4) — **fortūnam suam** h. auch „sein Aufenthalt“ — **occulere** ~ *occultare*

3 **Pharnabāzus** Pharnábazos; persischer Satrap von Phrygien (südl. der Propontis); er paktierte in der letzten Kriegsphase bald mit den Spartanern, bald mit den Athenern (↗ S. 21 f.). — **quem quidem** diesen (jedenfalls) — **hūmānitās, -ātis** h. gewinnendes Wesen — **Grȳnīum, -ī**: Gryneion; Hafenstädtchen in Westkleinasien nördlich von Kyme (↗ 7, 1) — **castrum** (~ *castellum*): h. befestigter Ort — **quīnquāgēna talenta** (je) 50 Talente (jährlich) — **talentum (-ī)**: das Talent (Währungseinheit); dabei gilt folgende Umrechnung: 1 Talent = 60 Minen = 6000 Drachmen, d. h. etwa 26,22 kg; auf den Goldpreis (Barren) von 1989 bezogen, entsprechen dem DM 27 360,–. Damals betrug der Tageslohn für einen Handwerker ca. 1—1½ Drachmen; der Preis für Rohbau und Ausstattung einer Triere war je 1 Talent.

4 **ferrī ad** getrieben werden zu, hinarbeiten auf

5 **rēx Persēs** ↗ 4, 7; h. Artaxerxes II. (404—359 v. Chr.), den sein jüngerer Bruder Kyros (*Cyrus,* s. u.) mit Hilfe eines griechischen Söldnerheeres stürzen wollte — **nōn dubitāre** mit AcI: ↗ praef. 1 — **sī modo** (h. mit Konj.): wenn nur – **convenīre alqm** h. mit jd sprechen — **potestās** + Gen.: Gelegenheit, Möglichkeit — **habuisset/aperuisset** (*regi*): ↗ 8, 4 *evenisset* — **grātiam inīre** sich Gunst gewinnen

10,1 Hoc cum moliretur peteretque a Pharnabazo, ut ad regem mittere-
tur, eodem tempore Critias ceterique tyranni Atheniensium certos
homines ad Lysandrum in Asiam miserant, qui eum certiorem
facerent, nisi Alcibiadem sustulisset, nihil earum rerum fore ratum,
quas ipse Athenis constituisset: quare, si suas res gestas manere
2 vellet, illum persequeretur. His Laco rebus commotus statuit accu-
ratius sibi agendum cum Pharnabazo. Huic ergo renuntiat, quae regi
cum Lacedaemoniis essent, nisi Alcibiadem vivum aut mortuum
3 sibi tradidisset. Non tulit hunc satrapes et violare clementiam quam
regis opes minui maluit. Itaque misit Susamithrem et Bagaeum ad
Alcibiadem interficiendum, cum ille esset in Phrygia iterque ad
4 regem compararet. Missi clam vicinitati, in qua tum Alcibiades erat,
dant negotium, ut eum interficiant. Illi cum ferro aggredi non au-
derent, noctu ligna contulerunt circa casam eam, in qua quiescebat,
eamque succenderunt, ut incendio conficerent, quem manu supe-
5 rari posse diffidebant. Ille autem, ut sonitu flammae est excitatus,
etsi gladius ei erat subductus, familiaris sui subalare telum eripuit.
Namque erat cum eo quidam ex Arcadia hospes, qui numquam
discedere voluerat. Hunc sequi se iubet et id, quod in praesentia
vestimentorum fuit, arripit. His in ignem coniectis flammae vim
6 transiit. Quem ut barbari incendium effugisse viderunt, telis eminus
missis interfecerunt caputque eius ad Pharnabazum rettulerunt. At
mulier, quae cum eo vivere consuerat, muliebri sua veste contectum
aedificii incendio mortuum cremavit, quod ad vivum interimen-
dum erat comparatum. Sic Alcibiades annos circiter quadraginta (404)
natus diem obiit supremum.

10,1 **Critiās (-ae):** unter den 30 Tyrannen führend — **certus** ↗ P 2, 4 — **sustulisset/cōnstituisset/trādidisset** (10, 2): ↗ P 4, 1 *pertulisset* — **ratus, -a, -um** h. pass.: gültig (ratifizieren!) — **persequerētur**: Konj. der Aufforderung

2 **Lacō, -ōnis** der Spartaner (Lysander) — **accūrātus, -a, um** (*cura*): h. ernsthaft – **renūntiāre** aufkündigen — **quae essent** „die Abmachungen"

3 **nōn ferre alqm** h. gegen jds Druck nicht standhalten — **hunc**: *Lysandrum* — **clēmentia** h. Pflicht der Milde — **Sūsamīthrēs (-is), Bagaeus** (Bagaios): enge Verwandte des Pharnabazos — **Phrygia** ↗ 9, 3

4 **vīcīnitās, -ātis** (*vicinus*): (Leute der) Nachbarschaft (↗ *interficiant; illi*) — **negōtium** Auftrag — **suc-cendere** ~ *incendere* — **cōnficere** ~ *interficere* — **manū** h. im offenen/ehrlichen Kampf — **diffīdere** h. nicht glauben

5 **sub-ālāre tēlum** unter der Achsel (*ala*) getragener Dolch — **Arcadia:** in der Peloponnes — **ēripere:** d. h. aus der Scheide — **in praesentiā** ↗ 4, 2

6 **ē-minus** (Adv.; *manus*): aus der Ferne — **con-tegere** zudecken, verhüllen — **inter-imere** beseitigen — **quadrāgintā**: nach Thukydides starb Alkibiades' Vater schon 447! — **diem suprēmum obīre** ~ *mortem obire*

11,1 Hunc infamatum a plerisque tres gravissimi historici summis lau-
dibus extulerunt: Thucydides, qui eiusdem aetatis fuit, Theopom-
pus, post aliquanto natus, et Timaeus: qui quidem duo maledicen-
2 tissimi nescio quo modo in illo uno laudando consenserunt. Nam-
que ea, quae supra scripsimus, de eo praedicarunt atque hoc am-
plius: cum Athenis, splendidissima civitate, natus esset, omnes
3 splendore ac dignitate superasse vitae; postquam inde expulsus
Thebas venerit, adeo studiis eorum inservisse, ut nemo eum labore
corporisque viribus posset aequiperare — omnes enim Boeotii
4 magis firmitati corporis quam ingenii acumini serviunt —; eundem
apud Lacedaemonios, quorum moribus summa virtus in patientia
ponebatur, sic duritiae se dedisse, ut parsimonia victus atque cultus
omnes Lacedaemonios vinceret; fuisse apud Thraecas, homines
vinolentos rebusque veneriis deditos: hos quoque in his rebus an-
5 tecessisse; venisse ad Persas, apud quos summa laus esset fortiter
venari, luxuriose vivere: horum sic imitatum consuetudinem, ut illi
6 ipsi eum in his maxime admirarentur. Quibus rebus effecisse, ut,
apud quoscumque esset, princeps poneretur habereturque carissi-
mus. Sed satis de hoc: reliquos ordiamur!

11,1 **īnfāmāre** (*infamia* 3,6): in schlechten Ruf bringen, in schlechtem Licht darstellen — **gravis, -e** h. bedeutend, glaubwürdig — **historicus, -ī** Geschichtsschreiber, Historiker — **Thūcydidēs (-is)**: Thukydides aus Athen (ca. 455—ca. 400); seine Darstellung des Peloponnesischen Krieges reicht bis 411; er gilt als Begründer der wissenschaftlichen Geschichtsschreibung. — **Theopompus:** Theopómp (griech. Theópompos) aus Chios (4. Jh. v. Chr.) setzte Thukydides' Werk in seinen Helleniká (Griechische Geschichte; 411—394 v. Chr.) fort. — **post aliquantō** ↗ P 3, 1 — **Timaeus**: Timaios († ca. 260) verfaßte eine umfangreiche Geschichte Siziliens. — **malé-dicus, -a, -um** (Superlativ: *maledicentissimus*): schmähsüchtig, geneigt zu tadeln — **nesciō quō modō** irgendwie; h. eigenartigerweise

2 **praedicārunt** (*qui quidem duo:* § 1): davon hängt bis 11,6 das in oratio obliqua gefaßte Referat des Nepos aus den genannten Quellen ab. — **cum**: konzessiv — **splendor, -ōris** (*splendidus*): Glanz — **vīta** h. Lebensgestaltung

3 **studia, -ōrum** Neigungen, Interessen — **eōrum**: *Thebanorum* — **īnservīre** sich eifrig widmen — **labōre** h. im Ertragen von Strapazen — **aequi-perāre** (*aequus, par;* nkl.): ~ *aequare* — **acūmen, -inis** n. (*acer*): Schärfe

4 **eundem** ↗ 1, 4 — **quōrum mōribus**: abl. causae („nach deren Lebenseinstellung") — **summa virtūs pōnitur** höchster Wert wird gelegt — **dūritia, -ae** (*durus*): Abhärtung — **parsimōnia, -ae** (*parcus*): h. Einfachheit — **vīctūs atque cultūs** in Nahrung und Kleidung — **vīnolentus, -a, -um** (*vinum*): trunksüchtig — **venerius, -a, -um** geschlechtlich, sexuell (↗ P 4, 1)

6 **pōnī** ↗ 3, 5

Aufgaben zur Interpretation

1 In welche Abschnitte (Wechsel des Ortes, der Zeit und der Personen) läßt sich die Alkibiades-Vita gliedern? L

2 Wie sieht Nepos das Verhältnis von Charakter und Lebensschicksal? (Kap. 1; 4; 6; 7, 1; 8, 5; 11)

3 Wie sieht Nepos die Wechselwirkung von Individuum (A.) und Masse? L

4 Welche Bedeutung haben die Reden in der Gesamtdarstellung der Vita? L

5 Welche Fragen menschlichen Handelns stellen sich in Kap. 10, das Nepos den Gründen für A.s Tod und dessen Durchführung widmet?

6 Welche Gemeinsamkeiten und Unterschiede im Urteil über Alkibiades werden im Vergleich zu Nepos bei den Darstellungen
— von Thukydides (Motive des politischen Handelns: BT 1) und
— von Bengtson (BT 2) deutlich?

7 Durch welche Inhalte (z. B. Kap. 6 und 8) und Mittel der Darstellung zeigt sich Nepos mehr als Biograph denn als Geschichtsschreiber? L

8 Hat Alkibiades sein Schicksal sich selbst zuzuschreiben? L

Begleittexte

1. Thukydides (6, 15)

Soviel sagte Nikias; von den Athenern redeten die meisten, die auftraten, für den Feldzug, und man solle das Beschlossene nicht umstürzen, es gab aber auch Gegenstimmen. Am leidenschaftlichsten trieb zu dem Zug Alkibiades, Kleinias' Sohn, aus Widerspruch gegen Nikias, mit dem er auch sonst uneins war in Staatsdingen und der ihn ebenso bloßgestellt hatte, vor allem aber wünschte er, Feldherr zu sein, und hoffte, dadurch Sizilien zu erobern und Karthago und für sich selbst zugleich, wenn er Erfolg habe, Geld und Ruhm zu gewinnen. Denn hoch angesehen in der Stadt, frönte er großen Leidenschaften über sein Vermögen mit den Pferden, die er hielt, und sonstigem Aufwand. Und gerade das wurde einer der Hauptgründe für den Untergang Athens. Denn da die Menge erschrak vor dem Übermaß seiner persönlichen, ganz überbürgerlichen Lebensführung wie auch vor dem geistigen Schwung, womit er jedes einzelne vorkommende Geschäft betrieb, so wurden sie, als wolle er Tyrann werden, seine Feinde, und während er in seinem Amt für den Krieg die besten Anordnungen traf, stießen sich die einzelnen Bürger an seinem Gehaben, gaben die Vollmachten andern und rissen gar bald damit die Stadt zu Boden.

Übersetzt von Landmann, G. P.: Thukydides. Geschichte des Peloponnesischen Krieges, Artemis Verlag Zürich und München 1960, S. 453—454.

2. Hermann Bengtson

Jeder wird seine Leistungen als Stratege anerkennen, als Mensch aber ist er alles andere als eine sympathische Erscheinung. Und dennoch hat es Forscher gegeben, die ihn als den gegebenen Führer seiner Vaterstadt verherrlicht haben. Aber an Alkibiades gibt es wahrlich nichts zu retten, so daß man heute die Akten über ihn schließen kann. Er hat kein Werk für die Ewigkeit gebaut, im Gegenteil, in seinem hemmungslosen Egoismus hat er unter den Griechen viel Unheil angerichtet. Aber er hat es verstanden, die Menge in Bewegung zu setzen, er hat sie für seine Person und seine Pläne begeistern können, da er die Psychologie der Massen perfekt beherrscht hat [...] Entscheidend ist der völlige Mangel an kritischem Urteilsvermögen der Menge, der an die Stelle rationaler Überlegung tritt. Im Athen zur Zeit des Peloponnesischen Krieges ist es nicht anders gewesen als im Zeitalter der Französischen Revolution. Und in unserer Zeit haben wir Ähnliches und sogar noch Schlimmeres erlebt. Trotz seiner ganz unverkennbaren Begabung war Alkibiades ein Unglück für Athen, seine Leistungen sind nicht von Dauer gewesen. Mit dem Eintreten für die Sizilische Expedition im Jahre 415 hat er eine Entwicklung inauguriert, die letzten Endes zum Niedergang der griechischen Welt geführt hat. Es war dies eine weltpolitische Wende, die zwar nicht den Zeitgenossen, wohl aber den Späteren voll zum Bewußtsein gekommen ist. Und an dieser Entwicklung sind nicht das Schicksal und der Zufall schuld, sondern in erster Linie der Mann, der in den Athenern Erwartungen erweckt hat, die angesichts der realen Tatsachen in nichts zerstoben sind. Daß Politik die Kunst des Möglichen ist, davon hat Alkibiades nichts wissen wollen; er glaubte, alles erreichen zu können, und mit dieser Einstellung hat er Athen in die Katastrophe geführt. Trotzdem hat man ihn nicht vergessen, die Biographie Plutarchs ist ein Zeugnis hierfür, und auch in späterer Zeit hat sein Name immer wieder Heerführer und Politiker fasziniert. Einer von ihnen war der Markgraf Albrecht Alcibiades von Brandenburg-Kulmbach (1522—1557), ein Mann ohne Religion und Sittlichkeit, wie sein großes Vorbild ohne jede Grundsätze; sein Weg ist durch Zerstörung und Vernichtung gekennzeichnet. Er hat ein frühes Ende in der Verbannung gefunden.

Charakteristik des Alkibiades aus Bengtson, H.: Griechische Staatsmänner des 5. und 4. Jahrhunderts vor Christus, München 1983, Verlag C. H. Beck, S. 182/3.

Zu den Abbildungen auf der folgenden Seite:
Inwiefern sind der von Perikles geförderte Parthenon und der von Alkibiades begonnene Bau des Erechtheions ein Spiegel der Politik der Zeitepoche?

Über Alkibiades und seine Zeit erzählt amüsant Fernau, J.: Rosen für Apoll. Die Geschichte der Griechen, München — Berlin 1961, ^{20}1972, S. 256—264.

2.4 Hannibal
(247–183 v. Chr.)

Porträtbüste Hannibals (Neapel, Museo Nazionale)

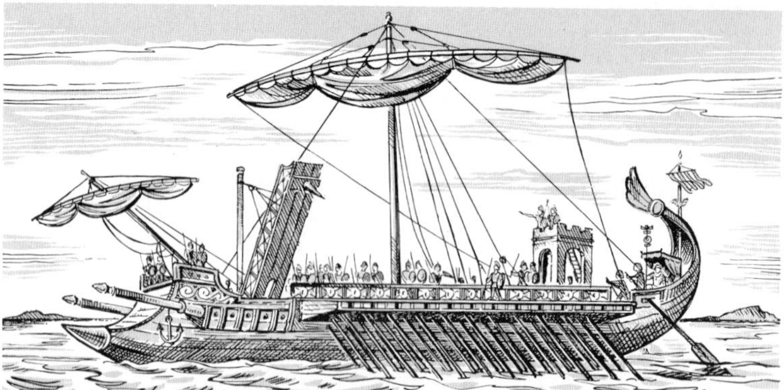

Römisches Kriegsschiff, 50 m lang, 7 m breit, die Besatzung zählte 300 Ruderer und 120 Soldaten. Da die Römer im Seekrieg zuerst wenig Erfahrung hatten, rüsteten sie die Schiffe mit Enterbrücken aus. Sobald ein feindliches Schiff nahe genug war, löste die Besatzung die haltenden Taue, die eisernen Sporen der Landungsbrücke bohrten sich in das Deck des Gegners, und über diese Brücke stürmten schwerbewaffnete römische Soldaten das Schiff, auf dem sich neben Ruderern nur wenige Soldaten befanden. Durch die Erfindung verwandelten die Römer den ihnen ungewohnten Seekrieg in einen Landkampf.

Hannibals Lebensschicksal war geprägt von Römerhaß — so sehen es zum mindesten die römischen Autoren — und von seiner herausragenden strategischen Begabung. Er konnte jedoch seine zahlreichen militärischen Einzelerfolge politisch nicht ausnutzen (*Vincere scis, Hannibal, victoria uti nescis:* Vorwurf seines Bruders Maharbal nach Cannae 216 v. Chr.). Vielmehr leitete er — Ironie des Schicksals — mit seiner Herausforderung Roms Aufstieg zur Weltmacht ein. Im Urteil der Historiker gilt Hannibal neben Alexander und Cäsar als der größte Feldherr der Antike, die er in der Epoche der Punischen Kriege mitgestaltet hat.
Karthago (lat. Form des phönizischen „Quart hadascht": Neustadt) wurde um 800 v. Chr. von Auswanderern aus Phönizien (dem heutigen Libanon) als Handelsstützpunkt gegründet. Die Karthager legten dann an den Küsten des westlichen Mittelmeeres eigene Siedlungen an. So wuchs Karthago zur führenden Handelsmacht heran, ohne daß sich mit dem etwa gleichalten Rom Konflikte ergeben hätten, zumal Rom zunächst eine reine Landmacht war. Doch dieses jahrhundertelange friedliche Nebeneinander änderte sich, als die von kampanischen Söldnern besetzte sizilische Stadt Messana (heute Messina) von Syrakus angegriffen wurde und Karthago und Rom gleichzeitig um Hilfe anrief. Die Karthager schickten — aus Angst vor der von Syrakus drohenden Handelskonkurrenz — sofort eine Besatzung nach Messana. So kam es also zum **Ersten Punischen Krieg** (264—241 v. Chr.).
Mit dem Flottenbau von 261 v. Chr. hatte Rom seinen ersten Schritt von der Land- zur Seemacht getan. Kurz nach dem Ende dieses erbitterten Krieges war Sizilien — ohne Syrakus, das sich neutral verhalten hatte — die erste römische Provinz. Zur selben Zeit machten die Römer die unter karthagischem Einfluß stehenden Inseln Sardinien und Korsika zu weiteren Provinzen (227 v. Chr.). Deshalb gewann in Karthago die Familie der Barkiden mit Hamilkars Römerhaß und seiner Politik „Ersatz für Sizilien, Sardinien und Korsika!" die Oberhand. 237 v. Chr. begann Hamilkar Barkas („der Blitz") sein Eroberungswerk in Südspanien bis zum Ebro, das nach seinem Tod sein Schwiegersohn Hasdrubal und nach dessen Ermordung ab 221 sein Sohn **Hannibal** fortsetzten. Dies machte die Römer mißtrauisch, so daß sie trotz des Vertrages mit Karthago, der den Ebro zur Grenze der Einflußgebiete machte (sog. Ebro-Vertrag von 226), mit der Stadt Sagunt (südlich des Ebro) ein Schutzbündnis (vielleicht schon seit 231) eingingen.
Der junge Hannibal (H.) sah darin einen Vertragsbruch; er belagerte daher Sagunt und eroberte es 219 v. Chr. Dies war der Anlaß zum **Zweiten Punischen Krieg** (218—201 v. Chr.), der auch Hannibalischer Krieg genannt wird und mit Hannibals Siegeszug in Italien begann, aber mit seiner Niederlage in Afrika endete.

Dieser Sieg über Karthago schuf den Römern die Voraussetzung für die Unterwerfung des hellenistischen Ostens (200—148 v. Chr.). Währenddessen gelangte Karthago trotz der gewaltigen Kriegsfolgelasten zu neuem Reichtum, was bei manchen römischen Senatoren den Willen zu Karthagos Zerstörung hervorrief (s. Catos Ausspruch: *Ceterum censeo Karthaginem esse delendam*) und zum **Dritten Punischen Krieg** (149—146 v. Chr.) führte. Karthago wurde tatsächlich dem Erdboden gleichgemacht. Rom war Weltmacht in einem Großteil des Mittelmeergebiets geworden.

247 Hannibals Geburt in Karthago — Hamilkar Barkas wird Oberbefehlshaber im 1. Pun. Krieg (264—241).

ab 237 Hamilkars Eroberungen in Südspanien.

229 Hamilkar †; sein Schwiegersohn Hasdrubal wird Feldherr.

226 Ebro-Vertrag (der südl. Teil wird karthagische Einflußzone).

221 Ermordung Hasdrubals; Hannibal wird Oberbefehlshaber.

219 Hannibal belagert und erobert Sagunt; röm. Gesandtschaft.

218 Hannibal überschreitet den Ebro; Roms Kriegserklärung.

218/01 Zweiter Punischer Krieg.

218 H.s Alpenübergang; Siege am Ticínus und an der Trebia.

217 Sieg Hannibals über Flaminius (†) am Trasimener See. Q. Fabius Maximus (‚*Cunctator*') wird *dictator*.

216 Schlacht bei Cannae: Hannibals bedeutendster Sieg.

215 Bündnis Hannibals mit Philipp V. von Makedonien (221—179) → 1. Röm.-Makedonischer Krieg (215—205). Philipp, 197 bei Kynoskephalaí im 2. Röm.-Makedonischen Krieg (200—197) besiegt, muß auf Griechenland verzichten.

214 Rom erobert Sagunt. — Bündnis Karthagos mit Syrakus; M. Claudius Marcellus wird röm. Kommandeur in Sizilien.

212 Marcellus erobert Syrakus. — Tod der beiden Scipionen (Vater und Onkel des Scipio Africanus) in Spanien.

211 Rückeroberung von Capua durch Rom. Scipio (Africanus maior) wird Oberbefehlshaber in Spanien.

209 Karthagische Defensive in Spanien nach dem Durchbruch des Hannibalbruders Hasdrubal nach Italien.

208 Sieg Hannibals über Marcellus (†).

205 Scipio rüstet als Konsul in Sizilien zur Invasion in Afrika.

204 Landung in Afrika. Der Numiderfürst Massiníssa geht zu Scipio, der Numiderkönig Sýphax zu Karthago über.

203 Scipio/Massinissa schlagen Punier/Syphax; Waffenruhe. Rückberufung Hannibals und Magos († 203). Friedensverhandlungen in Rom.

203/2 Karthago bricht die Waffenruhe kurz vor dem Frieden.

202 Scipio besiegt H. bei Zama (südwestl. von Karthago); er liefert eine Kesselschlacht wie Hannibal bei Cannae.

201 Frieden. Roms Eingreifen in Griechenland/Makedonien.

195 H.s Sturz und Flucht zu Antíochos III. (223—187), der das Seleukidenreich vom Hellespont bis zum Indus wiederhergestellt hatte; H. gewinnt ihn zum Krieg gegen Rom.

192 Antiochos in Griechenland (zur „Befreiung der Griechen").

192/0 Krieg Roms gegen Antiochos (H. als dessen Admiral).

191 Karthagos Hilfe von Rom abgelehnt.

183 Hannibals Selbstmord in Bithynien — Tod Scipios.

Die Punischen Kriege

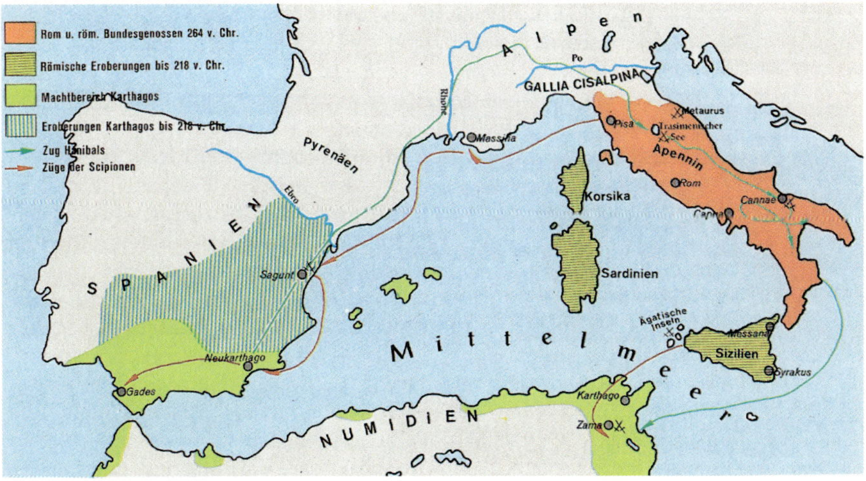

1,1 Hannibal, Hamílcaris filius, Karthaginiensis. Si verum est (quod
nemo dubitat), ut populus Romanus omnes gentes virtute superarit,
non est infitiandum Hannibalem tanto praestitisse ceteros impera-
tores prudentia, quanto populus Romanus antecedat fortitudine
2 cunctas nationes. Nam quotienscumque cum eo congressus est in
Italia, semper discessit superior. Quod nisi domi civium suorum
invidia debilitatus esset, Romanos videtur superare potuisse. Sed
3 multorum obtrectatio devicit unius virtutem. Hic autem velut he-
reditate relictum odium paternum erga Romanos sic conservavit,
ut prius animam quam id deposuerit, qui quidem, cum patria pulsus
esset et alienarum opum indigeret, numquam destiterit animo bel-
lare cum Romanis.

2,1 Nam ut omittam Philippum, quem absens hostem reddidit Ro-
manis, omnium iis temporibus potentissimus rex Antiochus fuit.
Hunc tanta cupiditate incendit bellandi, ut usque a rubro mari arma (192)
2 conatus sit inferre Italiae. Ad quem cum legati venissent Romani,
qui de eius voluntate explorarent darentque operam, consiliis clan-
destinis ut Hannibalem in suspicionem regi adducerent, tamquam
ab ipsis corruptum alia atque antea sentire, neque id frustra fecissent
idque Hannibal comperisset seque ab interioribus consiliis segregari
3 vidisset, tempore dato adiit ad regem, eique cum multa de fide sua
et odio in Romanos commemorasset, hoc adiunxit: ‚Pater meus‘

1,1 **Hamilcar, -aris**: Hamilkar Barkas ↗ S. 41 f. — **Karthāginiēnsis, -e** karthagisch, aus Karthago — **vērum est:** mit *ut* statt AcI — **quod**: Rel.-Pron. — **īnfitiārī** (*fateri*): in Abrede stellen — Bei **praestāre** („übertreffen“) setzt Nepos Akk. und Dat. (Lupus 43). — **antecēdere** (*alqm*): h. überlegen sein

2 (*Hannibal*) **discessit superior** (präd.): ging er (aus der Schlacht) als Sieger weg/hervor, blieb er Sieger — **quod nisī** wenn also nicht — **dēbilitāre** schwächen, lähmen — **obtrectātiō, -ōnis** (*tractare*): Mißgunst, Anfeindung — **dēvincere** völlig besiegen, überwinden

3 **hērēditās, -ātis** (*heres*): das Erbe, die Erbschaft — **ergā** h. ~ *contra* ↗ A 4, 4 — **animam (dē)pōnere** ↗ P 5, 5 — **quī quidem** + Konj.: der ja, da er ja

2,1 **Philippus, Antiochus** ↗ S. 42 f. (215 bzw. 195) — **absēns, -ntis** h. ohne persönliches Treffen — **mare rubrum:** Das „Rote Meer“ meint im Altertum auch den Indischen Ozean, den Südosten des Seleukidenreiches.

2 Zur Konstruktion ↗ S. 62 — **voluntās** h. Absicht(en), Gesinnung — **explōrāre** erforschen; abs.: Erkundigungen einziehen — **cōnsilium** h. Beratung — **clandestīnus, -a, -um** (*clam*): geheim — **in suspīciōnem rēgī addūcere** (mit folgendem AcI): dem/beim König in Verdacht bringen/verdächtigen — **tamquam**: zu *corruptum* — **interiōra cōnsilia** vertraute/geheime Beratungen — **sēgregāre** (*se* + *grex*): absondern, ausschließen

3 **tempus** ~ occasio (↗ A 5, 1) — **commemorāre** in Erinnerung rufen —

inquit ‚Hamilcar puerulo me, utpote non amplius novem annos nato, in Hispaniam imperator proficiscens Karthagine Iovi optimo
4 maximo hostias immolavit. Quae divina res dum conficiebatur, quaesivit a me, vellemne secum in castra proficisci. Id cum libenter accepissem atque ab eo petere coepissem, ne dubitaret ducere, tum ille, ‚Faciam, inquit, si mihi fidem, quam postulo, dederis‘. Simul me ad aram adduxit, apud quam sacrificare instituerat, eamque ceteris remotis tenentem iurare iussit numquam me in amicitia cum
5 Romanis fore. Id ego iusiurandum patri datum usque ad hanc aetatem ita conservavi, ut nemini dubium esse debeat, quin reliquo
6 tempore eadem mente sim futurus. Quare, si quid amice de Romanis cogitabis, non imprudenter feceris, si me celaris; cum quidem bellum parabis, te ipsum frustraberis, si non me in eo principem posueris‘.

3,1 Hac igitur, qua diximus, aetate cum patre in Hispaniam profectus (237)
est, cuius post obitum, Hasdrúbale imperatore suffecto, equitatui (229)
omni praefuit. Hoc quoque interfecto exercitus summam imperii
ad eum detulit. Id Karthaginem delatum publice comprobatum est. (221)
2 Sic Hannibal minor quinque et viginti annis natus imperator factus
proximo triennio omnes gentes Hispaniae bello subegit, Saguntum, (219)
foederatam civitatem, vi expugnavit, tres exercitus maximos com-
3 paravit. Ex his unum in Africam misit, alterum cum Hasdrubale
fratre in Hispania reliquit, tertium in Italiam secum duxit. (218)

---

ut-pote („wie es möglich ist“): Adv.: nämlich — **amplius** (*quam*) — **Iuppiter optimus maximus**: Der oberste römische Gott steht für den höchsten karthagischen Gott Baal (↗ A 3, 1). — **hostia** Opfertier

4 **rēs** h. Handlung — **dum** („während“): selten mit Impf. — **dūcere** ~ *me secum ducere* — **fidēs** h. Treuwort, eidliche Versicherung — **sacrificāre** (*sacrum* + *facere*): opfern — **īnstituere** ~ *incipere* ↗ A 5, 1 — **eamque . . . iussit** ~ *et / ceteris remotis*: abl. abs. / *iussit (me) tenentem eam* (~ *aram*) *iurare*

6 **fēceris/cēlā(ve)ris**: Fut. II (vgl. Kühner-Stegmann I 147 f.) — **quidem** (h. adversativ): freilich — **frūstrārī** (*frustra; fraus*): betrügen

3,1 **quā** (Kasusangleichung an *hac*) **dīximus** ~ *quam diximus*; ↗ 2, 3 — **obitus (-ūs)**: ~ *mors* — **Hasdrubal (-is)**: ↗ S. 41 f. — **imperātōrem sufficere** zum Kommandeur nachwählen — **dēferre** (*summam imperii*): übertragen — **dē-lātum** ~ *nuntiatum* — **comprobāre** gutheißen

2 **triennium** (*tres* + *annus*): Zeitraum von drei Jahren, drei Jahre — **Saguntum**: ↗ S. 41f. — **foederātus, -a, -um** (*foedus, -eris*): verbündet (erg. mit Rom)

Saltum Pyrenaeum transiit. Quacumque iter fecit, cum omnibus
4 incolis conflixit: neminem nisi victum dimisit. Ad Alpes posteaquam venit, quae Italiam ab Gallia seiungunt, quas nemo umquam cum exercitu ante eum praeter Herculem Graium transierat — quo facto is hodie saltus Graius appellatur —, Alpicos conantes prohibere transitu concidit, loca patefecit, itinera muniit, effecit, ut ea elephantus ornatus ire posset, qua antea unus homo inermis vix poterat repere. Hac copias traduxit in Italiamque pervenit.

„Auf einem Bergvorsprung stehend zeigt Hannibal seinen Kriegern Italien." (Lithographie nach einer aquarellierten Zeichnung von Alfred Rethel.)

---

3 **saltus (-ūs) Pȳrēnaeus** die Pyrenäen — **quā-cumque** (*viā*): überall, wo
4 **sēiungere** trennen (↗ 2,2 *se-gregare*) — **Grāius** ~ *Graecus* (gesprochen Graikus; ↗ praef. 3) — **quō factō** weswegen — **saltus Grāius** die Graischen Alpen (eine eher keltische Bezeichnung) — **Alpicī** die Alpenbewohner — **concīdere** zusammenhauen, niederwerfen — **loca patefacere** das Gelände offen, d. h. gangbar machen — **itinera mūnīre** feste Straßen bauen — **eā** (*viā*) . . ., **quā**: ↗ 3, 3 *qua-cumque* — **elephantus ōrnātus** Elefant mit Kriegsausrüstung („bepackt"); er trug einen Turm mit Soldaten. — **inermis, -e** (*arma*): unbewaffnet, ohne Kriegsausrüstung — **hāc** (*viā*): ↗ *eā*

4,1 Conflixerat apud Rhodanum cum P. Cornelio Scipione consule
eumque pepulerat. Cum hoc eodem Clastidii apud Padum decernit
2 sauciumque inde ac fugatum dimittit. Tertio idem Scipio cum
collega Tiberio Longo apud Trebiam adversus eum venit. Cum iis
manum conseruit, utrosque profligavit. Inde per Ligures Appen-
3 ninum transiit, petens Etruriam. Hoc itinere adeo gravi morbo (217)
afficitur oculorum, ut postea numquam dextro aeque bene usus sit.
Qua valetudine cum etiamtum premeretur lecticaque ferretur, C.
Flaminium consulem apud Trasumenum cum exercitu insidiis cir-
cumventum occidit, neque multo post C. Centenium praetorem
cum delecta manu saltus occupantem. Hinc in Apuliam pervenit.
4 Ibi obviam ei venerunt duo consules, C. Terentius et L. Aemilius. (216)
Utriusque exercitus uno proelio fugavit, Paulum consulem occidit
et aliquot praeterea consulares, in his Cn. Servilium Geminum, qui
superiore anno fuerat consul.

4,1 **cōnflīxerat**: Das Plqpf. weist darauf hin, daß dieses Treffen an der Rhône (*Rhodanus*) zwischen zwei Spähtruppabteilungen, in welchem in Wirklichkeit die Römer siegten, noch vor dem Alpenübergang stattgefunden hatte. — **P. Cornēlius Scīpiō**: der Konsul von 218 v. Chr., Vater des *Scipio Africanus*, des Siegers von Zama — **pellere** ~ *fugare* — **dēcernere** ↗ 10, 4 — **eōdem** „auch" ↗ A 1, 4 — **Clastidiī** (statt *ad Clastidium*) **apud Padum** bei Clastidium am Po; dieses Gefecht wurde tatsächlich am *Ticínus* (Tessin), einem nördlichen Nebenfluß des Po, geschlagen, wo es noch nicht „um die Entscheidung" (*decernit*) ging. — **saucius, -a, -um** verwundet

2 **tertiō** (Adv.): zum dritten Mal — **Tiberius Semprōnius Longus**: Nach der Überlieferung schuld an der röm. Niederlage — **Trebia (-ae)**: südlicher Nebenfluß des Po — **manum cōnserere** (*conserui*): sich in einen Nahkampf einlassen — **utrōsque**: Bei Bezug auf zwei Gruppen (h. Feldherr samt Heer) steht *uterque* im Pl. — **prōflīgāre** niederschlagen, überwältigen — **Lígurēs, -um** (Gebiet der) Ligurer; italischer Volksstamm an der heutigen (ligurischen) Riviera — **Appennīnus** der Apennin, den H. 217 v. Chr. südlich von Bologna überquerte — **Etrūria** Etrurien, Gebiet der Etrusker (↗ *Ligures*), heute Toskana

3 **Hōc itinere**: nicht Lokativ, sondern abl. causae (Kühner-Stegmann I 351) — **aequē** (*ac antea*) – **valētūdō** h. ~ *morbus* — **etiamtum** gerade damals — **lectīca, -ae** (*lectus*): Sänfte, Trage — **C. Flāminius**: Konsul 217 v. Chr. — **Trasumēnus** (*lacus*): der Trasimener See (in Etrurien) — **circumventum** ~*circumvenit circumventumque* („und . . . ihn") — **C. Centēnius** (*pro*)**praetor**: er war der erste Unterbefehlshaber des anderen Konsuls Cn. Servilius Geminus (↗ 4, 4) — **saltus, -ūs** ↗3, 3

4 **Āpulia, -ae** Apulien; Landschaft im Südosten Italiens (heute Puglia), in der *Cannae* (↗ 5, 4) liegt, wo die Konsuln *C. Terentius Varro* und *L. Aemilius Paullus* 216 v. Chr. trotz zahlenmäßiger Überlegenheit besiegt wurden.

5,1 Hac pugna pugnata Romam profectus est nullo resistente. In pro- (211)
pinquis urbi montibus moratus est. Cum aliquot ibi dies castra
habuisset et Capuam reverteretur, Q. Fabius Maximus, dictator
2 Romanus, in agro Falerno ei se obiecit. Hic clausus locorum angu- (217)
stiis noctu sine ullo detrimento exercitus se expedivit Fabioque,
callidissimo imperatori, dedit verba. Namque obducta nocte sar-
menta in cornibus iuvencorum deligata incendit eiusque generis
multitudinem magnam dispalatam immisit. Quo repentino obiecto
visu tantum terrorem iniecit exercitui Romanorum, ut egredi extra
3 vallum nemo sit ausus. Hanc post rem gestam non ita multis diebus
M. Minucium Rufum, magistrum equitum pari ac dictatorem im- (213)
perio, dolo productum in proelium fugavit. Tiberium Sempronium
Gracchum, iterum consulem, in Lucanis absens in insidias induc-
tum sustulit. M. Claudium Marcellum, quinquies consulem, apud (208)
4 Venusiam pari modo interfecit. Longum est omnia enumerare proe-
lia. Quare hoc unum satis erit dictum, ex quo intellegi possit,
quantus ille fuerit: quamdiu in Italia fuit, nemo ei in acie restitit,
nemo adversus eum post Cannensem pugnam in campo castra
posuit.

5,1 **Capua (-ae)**: Stadt in Kampanien, war 216/5 Hannibals Winterquartier. — **Q. Fabius Maximus**: Er suchte Hannibal durch Hinhaltetaktik zu zermürben. — **ager Falernus** das Falernergebiet (im Norden Kampaniens)

2 **hīc** — **locōrum angustiae** enge Stelle im Gelände; Kessel — **expedīre** befreien (↗ P 3, 5) — **alci verba dare** einem (leere) Worte geben; einen überlisten — **obductā nocte** (abl. abs.): „nachdem sich die Nacht (über den Himmel) gezogen hatte“: unter dem Schleier der Nacht — **sarmenta, -ōrum** Zweige, Reisigbündel — **iuvencus, -ī** Jungrind — **dēligāre** festbinden — **eiusque generis** ~ *et talium* (*iuvencorum*) — **dispālātus, -a, -um** (PPA in präsentischer Bedeutung von *dispalari*): ausschwärmend, in verschiedene Richtungen — **immittere** (*in hostem*) — **obicī** entgegengeworfen werden, sich darbieten

3 **magister equitum parī ac dictātor imperiō** (abl. qual.): Befehlshaber der Reiterei, sonst nur Stellvertreter des Diktators — **prōdūcere in proelium** zu einem Gefecht (hervor-)locken; *productum* ↗ 4, 3 circumventum — **Tiberius Semprōnius Gracchus**: 215 und 213 Konsul — **Lūcānī, -ōrum** die Lukaner; italischer Volksstamm südlich von Kampanien — **inductum** ↗ 4, 3 *circumventum* — **absēns**: d. h. ohne selbst das Kommando zu führen; Hannibal belagerte gleichzeitig Tarent, während sein Bruder Mago in Lukanien operierte; **sustulit** er ließ . . . — **Mārcellus** war 222, 215, 214, 210, 208 Konsul und eroberte 212 Syrakus. — **Venusia (-ae)**: Stadt an der Grenze von Apulien (↗ 4, 4) und Samnium (heute Venosa)

4 **aciēs, -ēī** h. offene Feldschlacht — **campus, -ī** offenes Gelände

6,1 Hinc invictus patriam defensum revocatus bellum gessit adversus
P. Scipionem, filium eius, quem ipse primo apud Rhodanum, ite- (203)
2 rum apud Padum, tertio apud Trebiam fugarat. Cum hoc exhaustis
iam patriae facultatibus cupivit impraesentiarum bellum compo-
nere, quo valentior postea congrederetur. In colloquium convenit,
3 condiciones non convenerunt. Post id factum paucis diebus apud
Zamam cum eodem conflixit; pulsus — incredibile dictu — biduo (202)
et duabus noctibus Hadrumetum pervenit, quod abest ab Zama
4 circiter milia passum trecenta. In hac fuga Numidae, qui simul cum
eo ex acie excesserant, insidiati sunt ei, quos non solum effugit, sed
etiam ipsos oppressit. Hadrumeti reliquos e fuga collegit, novis
dilectibus paucis diebus multos contraxit.

7,1 Cum in apparando acerrime esset occupatus, Karthaginienses bellum cum Romanis composuerunt. Ille nihilo setius exercitui postea praefuit resque in Africa gessit itemque Mago frater eius

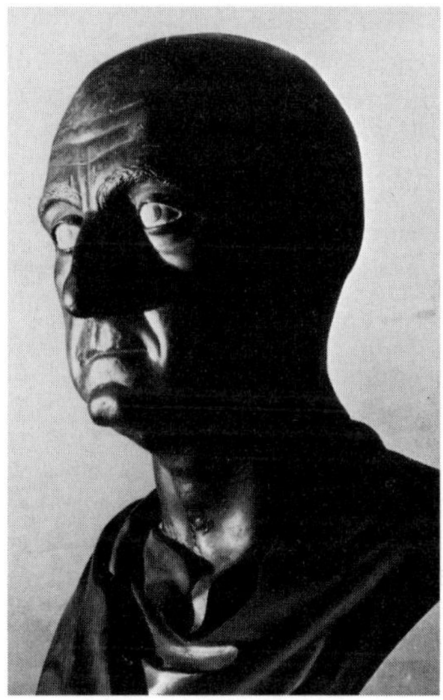

P. Cornelius Scipio Africanus maior
(236—183 v. Chr.)

6,1 **(patriam) dēfēnsum**: Form wie ↗ A 8, 6; P 2, 3 — **tertiō** ↗ 4, 2
2 **facultātēs** h. Hilfs-, Geldmittel — **impraesentiārum** (umgangssprachlich): ~ *in praesentia rerum* (↗ A 4, 2): vorläufig — **bellum compōnere** (auch 7, 1): ↗ A 8, 3 — **valentior** gestärkter — **condiciōnēs conveniunt** ↗ P 4, 2
3 Zur Stellung von **paucīs diēbus** ↗ P 3, 1 — **Zama (-ae):** bei Karthago; nach diesem Sieg (202) erhielt Scipio den Beinamen *Africanus.* — **Hadrūmētum**: Küstenstadt (tatsächlich ca. 150 km) südwestlich von Karthago
4 **Númidae** die Numider (heute: Berber), Hannibals Reiterei — **aciēs** ↗ 5, 4 — **alci īnsidiārī** jd im Hinterhalt auflauern — **ē fugā**: zu *collegit*
7,1 **apparāre** (h. abs.): rüsten — **ācerrimē** mit größter Energie ↗ A 5, 1 — **occupātus in** (+ Abl.): beschäftigt mit (↗ A 8, 1) — **nihilō sētius** ~ *nihilo minus* — **rēs gerere** kämpfen (↗ A 5, 3); dies hatten die Römer 201 verboten.

2 usque ad P. Sulpicium C. Aurelium consules. His enim magistra- (200)
tibus legati Karthaginienses Romam venerunt, qui senatui populo-
que Romano gratias agerent, quod cum iis pacem fecissent, ob
eamque rem corona aurea eos donarent simulque peterent, ut ob-
3 sides eorum Fregellis essent captivique redderentur. His ex senatus
consulto responsum est: munus eorum gratum acceptumque esse;
obsides, quo loco rogarent, futuros; captivos non remissuros, quod
Hannibalem, cuius opera susceptum bellum foret, inimicissimum
nomini Romano, etiam nunc cum imperio apud exercitum habe-
4 rent itemque fratrem eius Magonem. Hoc responso Karthaginienses
cognito Hannibalem domum et Magonem revocarunt. Huc ut re- (199)
diit, rex factus est, postquam praetor fuerat, anno secundo et vice- (197)
simo: ut enim Romae consules, sic Karthagine quotannis annui bini
5 reges creabantur. In eo magistratu pari diligentia se Hannibal prae-
buit, ac fuerat in bello. Namque effecit ex novis vectigalibus non
solum ut esset pecunia, quae Romanis ex foedere penderetur, sed
6 etiam superesset, quae in aerario reponeretur. Deinde anno post M.
Claudio L. Furio consulibus Roma legati Karthaginem venerunt. (196)
Hos Hannibal ratus sui exposcendi gratia missos, priusquam iis
senatus daretur, navem ascendit clam atque in Syriam ad Antio-
7 chum profugit. Hac re palam facta Poeni naves duas, quae eum
comprehenderent, si possent consequi, miserunt, bona eius publi-
carunt, domum a fundamentis disiecerunt, ipsum exulem iudica-
runt.

---

2 **quod . . . fēcissent**: Konj. durch Modusangleichung — **cum iīs** ~ *cum Karthaginiensibus* (nicht *secum* ~ *cum legatis*), entsprechend **obsidēs eōrum** — **eōs**: *Romanos* — **Fregellae (-ārum)**: Stadt im Südosten Latiums

3 **hīs**: *legatis* — **acceptus, -a, -um** „angenommen", angenehm, willkommen — **quō locō rogārent** „an dem erbetenen Ort" — **captīvōs**: Objekt (Subj. *se* ~ *Romanos*) — **operā** ↗ A 4, 7 — **bellum suscipere** Krieg beginnen — **foret** ↗ S. 9 — **nōmen Rōmānum** alles, was den römischen Namen trägt — **cum imperiō** im Besitze des Oberbefehls, als Oberbefehlshaber

4 **Karthāginiēnsēs:** zur Stellung ↗ P 5, 1 *ephori* — **rēx,** h. Suffet („Richter") — **praetor** (↗ A 5, 3): Oberbefehlshaber — (*factus*) **fuerat** ~ *factus erat* (↗ A 5, 6); Suffet wurde H. nicht 199, sondern erst 197/6. — **annuus, -a, -um** (*annus*): für ein Jahr — **bīnī** je zwei

5 **parī dīligentiā:** präd. (erg. *virum*) — **ex** entsprechend, gemäß — **penderētur**/**repōnerētur**: konsekutiv („können") — **aerārium** (*aes*): Staatskasse

6 **M. Claudius:** Sohn des *Marcellus* (↗ 5, 3); **L. Fūrius** *Purpureō* — **senātus** Zutritt zum „Senat" — **darētur:** zum Konj. ↗ P 4, 3 — **Antiochus** ↗ 2, 1

7 **palam** (Adv.): öffentlich, bekannt — **bona pūblicāre** ↗ A 4, 5 — **iūdicāre** durch Gerichtsurteil erklären zu

8,1 At Hannibal anno tertio, postquam domo profugerat, L. Cornelio
Q. Minucio consulibus, cum quinque navibus Africam accessit in (193)
finibus Cyrenaeorum, si forte Karthaginienses ad bellum Antiochi
spe fiduciaque inducere posset, cui iam persuaserat, ut cum exer-
2 citibus in Italiam proficisceretur. Huc Magonem fratrem excivit. Id
ubi Pôeni resciverunt, Magonem eadem, qua fratrem, absentem
affecerunt poena. Illi desperatis rebus cum solvissent naves ac vela
ventis dedissent, Hannibal ad Antiochum pervenit. De Magonis
interitu duplex memoria prodita est: namque alii naufragio, alii a
3 servulis ipsius interfectum eum scriptum reliquerunt. Antiochus
autem si tam in agendo bello consiliis eius parere voluisset, quam
in suscipiendo instituerat, propius Tiberi quam Thermopylis de (191)
summa imperii dimicasset. Quem etsi multa stulte conari videbat,
4 tamen nulla deseruit in re. Praefuit paucis navibus, quas ex Syria
iussus erat in Asiam ducere, iisque adversus Rhodiorum classem
in Pamphylio mari conflixit. Quo ⟨proelio⟩ cum multitudine ad- (190)
versariorum sui superarentur, ipse, quo cornu rem gessit, fuit su-
perior.

8,1 **L. Cornēlius** (*Scipio*) und **Q. Minucius** (*Thermus*) — **accēdere** (öfters mit bloßem Akk.) **Africam** in Afrika landen — **Cȳrēnaeī (-ōrum)**: die Kyrenäer; Bewohner der griechischen Kolonie Kyrene in Nordafrika — **sī forte** . . . um zu versuchen, ob er vielleicht — **Antiochī**: Gen. obi. zu *spe fiduciāque*

2 **excīre/-ciēre** (*excivi*): in Bewegung setzen; h. kommen lassen — **rescīscere** (*scire*): ↗ P 3, 4 — **illī**: Hannibal und Mago — **rēbus** ~ *his consiliis* (8, 1) — **solvere nāvēs** (bzw. *ancoras*): die Anker lichten, absegeln — **vēlum** Segel — **memoria** h. Bericht, Darstellung — **naufragium** (*navis* + *frangere*): Schiffbruch (nach Livius 203 v. Chr.) — **servulus** h. ~ *servus* (umgangssprachlich) — **interfectum** (*esse*): Zeugma; im Dt. durch zwei Verben wiederzugeben — **scrīptum** (n.) **relinquere** (schriftlich) überliefern

3 **eius**: *Hannibalis* — **suscipere** (*bellum*): ↗ 7, 3 — **īnstituere** h. ursprünglich tun — **propius**: h. mit Dativ — **Thermópylae (-ārum)**: die Thermopýlen (griech. „warmes Tor“ wegen der dortigen Thermalquellen); Engpaß im Süden Thessaliens, berühmt durch die Schlacht des *Leonidas* (480); hier erlitt 191 v. Chr. *Antiochos III.* eine bedeutende Niederlage gegen die Römer. — **summa imperiī** ~ h. Weltherrschaft — **vidēbat**: *Hannibal*

4 **Asia** Kleinasien — **Rhodiī (-ōrum)**: die Rhodier; die namhafte Handelsstadt Rhodos war mit Rom verbündet. — **Pamphȳlium mare**: das der Landschaft Pamphylien in Südkleinasien vorgelagerte Meer — **quō cornū** (Abl. loci): ~ *in eo cornu, (in) quo* . . . — **rem gerere** ↗ 7, 1 — **superior** ↗ 1, 2

9,1 Antiocho fugato verens, ne dederetur, quod sine dubio accidisset,
si sui fecisset potestatem, Cretam ad Gortynios venit, ut ibi, quo se (190)
2 conferret, consideraret. Vidit autem vir omnium callidissimus
magno se fore periculo, nisi quid providisset, propter avaritiam
Cretensium: magnam enim secum pecuniam portabat, de qua scie-
3 bat exisse famam. Itaque capit tale consilium. Amphoras complures
complet plumbo, summas operit auro et argento. Has praesentibus
principibus deponit in templo Dianae, simulans se suas fortunas
illorum fidei credere. His in errorem inductis statuas aeneas, quas
secum portabat, omni sua pecunia complet easque in propatulo
4 domi abicit. Gortynii templum magna cura custodiunt, non tam a
ceteris quam ab Hannibale, ne ille inscientibus iis tolleret secumque
duceret.

9,1 **sī suī** (gen. obi.) **fēcisset** (zum Tempus ↗ P 4, 1 *pertulisset*) **potestātem** (↗ A 9, 5): falls er sich fangen lasse — **Crētam**: konstruiert wie bei kleineren Inseln (anders praef. 4) — **Gortȳniī (-ōrum)**: die Gortynier; Gortyn wurde 67 v. Chr. die Hauptstadt der röm. Provinz *Creta*.

2 **magnō perīculō**: freier abl. qual. (manche Ausgaben ergänzen *in*) — **ali-quid prōvidēre** irgendwelche Vorkehrungen treffen; das Tempus wie 9, 1 — **Crētēnsēs, -ium** die Kreter — (*fama*) **exit** h. verbreitet sich

3 **ámphora** (griech., vgl. *ambo, ferre*): Amphóre; tönerner Krug mit zwei Henkeln von ca. 26 l Fassungsvermögen — **plumbum** Blei — **summās**: prädikativ — **prīncipēs** die ersten Männer (der Stadt) — **fidēs** h. Schutz — **aēneus, -a, -um** ehern (*aes*) — **prō-patulum** (*patēre*): der (offene) Vorhof — **domī**: (alat.) Gen. — **abicere** wegwerfen, h. (achtlos) beiseite stellen

4 **īn-scientibus iīs** ~ *ipsis insciis* — **tolleret**: *amphoras* bzw. *pecuniam*

10,1 Sic conservatis suis rebus Poenus omnibus illusis Cretensibus ad
Prusiam in Pontum pervenit. Apud quem eodem animo fuit erga
Italiam neque aliud quicquam egit, quam regem armavit et exercuit
2 adversus Romanos. Quem cum videret domesticis opibus minus
esse robustum, conciliabat ceteros reges, adiungebat bellicosas na-
tiones. Dissidebat ab eo Pergamenus rex Eumenes, Romanis ami-
3 cissimus, bellumque inter eos gerebatur et mari et terra: Quo magis (184)
cupiebat eum Hannibal opprimi. Sed utrobique Eumenes plus va-
lebat propter Romanorum societatem: quem si removisset, faciliora
sibi cetera fore arbitrabatur. Ad hunc interficiundum talem iniit
4 rationem. Classe paucis diebus erant decreturi. Superabatur navium
multitudine: dolo erat pugnandum, cum par non esset armis. Im-
peravit quam plurimas venenatas serpentes vivas colligi easque in
5 vasa fictilia conici. Harum cum effecisset magnam multitudinem,
die ipso, quo facturus erat navale proelium, classiarios convocat
iisque praecipit, omnes ut in unam Eumenis regis concurrant na-
vem, a ceteris tantum satis habeant se defendere. Id illos facile
6 serpentium multitudine consecuturos. Rex autem in qua nave ve-
heretur, ut scirent, se facturum: quem si aut cepissent aut interfe-
cissent, magno iis pollicetur praemio fore.

10,1 **rēs** h. Besitz — **Poenus** (*Hannibal*): mit dem Unterton der Verschlagenheit — **Prūsiās(-ae)**: Prusias I. (ca. 230—182 v. Chr.) von Bithynien im Nordwesten Kleinasiens. Er wollte das pergamenische Phrygien dazugewinnen. Rom verlangte 189 die Rückgabe an den romfreundlichen Eumenes II. von Pergamon. In dem Krieg (188—183) mit Eumenes führte H. die bithynische Flotte erfolgreich, doch mußte Prusias schließlich Phrygien abtreten und H. preisgeben. — **Pontus**: Damals Landschaft um das Schwarze Meer; seit der Neuordnung des Orients durch Pompeius (63 v. Chr.) zählte Bithynien zum (erweiterten) Königreich Pontus (röm. Provinz). — **ergā** ↗ A 4, 4 — **Italiam** ~ *Romanos* — **quam** ↗ P 1, 4 — **exercēre** h. bearbeiten, aufhetzen

2 **domesticae opēs** eigene/persönliche Machtmittel — **adiungere** (als Bündner) dazugewinnen (Impf.!) — **dissidēre** („auseinandersitzen") **ab** in Zwist liegen mit — **Pergamēnus** (Adj.: „von P.") **rēx Eumenēs**: Eúmenes II. (197—159 v. Chr.) gewann mit Roms Hilfe Phrygien (s. o.) und Ostmysien. Er förderte Künste und Wissenschaften (180 v. Chr. Bau des Zeusaltars, Bibliothek).

3 **utrobīque** (Adv., *uterque*): auf beiden Seiten (*terra marique*) — **remōvisset**: zum Tempus ↗ 9, 1 *fecisset* — **ratiōnem inīre** ~ *consilium inire*

4 **dēcernere** ~ *decertare (de-:* ganz und gar, bis zur Entscheidung) — **imperāre**: öfters auch mit AcI — **venēnātus, -a, -um** (*venenum*): vergiftet; giftig — **vās** (*Gen. vasis*) **fictile** (*fingere*): Tongefäß

5 **efficere** h. zusammenbringen — **nāvāle** (*navis*) **proelium** Seeschlacht — **classiārius** (*classis*): Marinesoldat — **satis habēre** h. sich damit begnügen

11,1 Tali cohortatione militum facta classis ab utrisque in proelium
deducitur. Quarum acie constituta, priusquam signum pugnae da-
retur, Hannibal, ut palam faceret suis, quo loco Eumenes esset,
2 tabellarium in scapha cum caduceo mittit. Qui ubi ad naves adver-
sariorum pervenit epistulamque ostendens se regem professus est
quaerere, statim ad Eumenem deductus est, quod nemo dubitabat,
quin aliquid de pace esset scriptum. Tabellarius ducis nave decla-
3 rata suis eodem, unde erat egressus, se recepit. At Eumenes soluta
epistula nihil in ea repperit, nisi quae ad irridendum eum pertine-
rent. Cuius etsi causam mirabatur neque reperiebat, tamen proe-
4 lium statim committere non dubitavit. Horum in concursu Bithyni
Hannibalis praecepto universi navem Eumenis adoriuntur. Quo-
rum vim rex cum sustinere non posset, fuga salutem petit, quam
consecutus non esset, nisi intra sua praesidia se recepisset, quae in
5 proximo litore erant collocata. Reliquae Pergamenae naves cum
adversarios premerent acrius, repente in eas vasa fictilia, de quibus
supra mentionem fecimus, conici coepta sunt. Quae iacta initio
risum pugnantibus concitarunt, neque, quare id fieret, poterat in-
6 tellegi. Postquam autem naves suas oppletas conspexerunt serpen-
tibus, nova re perterriti, cum, quid potissimum vitarent, non vi-
derent, puppes averterunt seque ad sua castra nautica rettulerunt.
7 Sic Hannibal consilio arma Pergamenorum superavit, neque tum
solum, sed saepe alias pedestribus copiis pari prudentia pepulit
adversarios.

11,1 **cohortātiō, -ōnis** (*co-hortari*): Ermunterung, anfeuernde Rede — **ab utrīsque** h. von beiden Gegnern — **dēdūcere** ~ *ducere* — **quārum** (*classium*) — **priusquam ... darētur** ↗ P 4, 3 — **palam facere** (~ *patefacere*): h. deutlich machen (7, 7) — **tabellārius** (*tabula*): Briefbote — **scapha** (griech.): Kahn — **cādūceus, -ī** (griech.): Heroldsstab

2 **dēclārāre** h. deutlich zeigen

3 **epistulam solvere** ↗ *laxare* P 4, 1 — **irrīdēre** verspotten — **pertinēre ad** dienen zu — **cuius** (erg. *epistulae*/bzw. n.: Bezug auf den ganzen Satz)

4 **hōrum in concursū** beim Zusammenstoß beider Gegner — **praeceptō** ~ *iussu* — **vim** h. Ungestüm — **praesidia(-ōrum)**: ~ *castra nautica* ↗ 11, 6

5 **vāsa fictilia** ↗ 10, 4 — **mentiōnem facere dē** etwas erwähnen (↗ A 5, 3) — **quae iacta** das Werfen mit diesen (Tongefäßen); die Vorzeitigkeit gegenüber *pugnantibus* muß im Dt. nicht ausgedrückt werden (Lupus 183).

6 **op-plēre** ~ *com-plere* — **vītārent**: Deliberativ — **puppis, -is** Schiffsheck; Schiff; *puppes avertere*: vgl. *terga vertere* — **castra nautica** Schiffslager (↗ A 8, 5) — **sē referre** ~ *se recipere*

7 **cōnsilium** ~ *dolus* (10, 4) — **aliās**: Adv. — **cōpiae pedestrēs** Fußtruppen

12,1 Quae dum in Asia geruntur, accidit casu, ut legati Prusiae Romae
apud T. Quintium Flamininum consularem cenarent atque ibi de (183)
Hannibale mentione facta ex iis unus diceret eum in Prusiae regno
2 esse. Id postero die Flamininus senatui detulit. Patres conscripti, qui
Hannibale vivo numquam se sine insidiis futuros existimarent,
legatos in Bithyniam miserunt, in his Flamininum, qui ab rege
peterent, ne inimicissimum suum secum haberet sibique dederet.
3 His Prusias negare ausus non est; illud recusavit, ne id a se fieri
postularent, quod adversus ius hospitii esset: ipsi, si possent, com-
prehenderent: locum, ubi esset, facile inventuros. Hannibal enim
uno loco se tenebat, in castello, quod ei a rege datum erat muneri,
idque sic aedificarat, ut in omnibus partibus aedificii exitus haberet,
4 scilicet verens, ne usu veniret, quod accidit. Huc cum legati Ro-
manorum venissent ac multitudine domum eius circumdedissent,
puer ab ianua prospiciens Hannibali dixit plures praeter consuetu-
dinem armatos apparere. Qui imperavit ei, ut omnes fores aedificii
circumiret ac propere sibi nuntiaret, num eodem modo undique
5 obsideretur. Puer cum celeriter, quid esset, renuntiasset omnisque
exitus occupatos ostendisset, sensit id non fortuito factum, sed se
peti neque sibi diutius vitam esse retinendam. Quam ne alieno
arbitrio dimitteret, memor pristinarum virtutum venenum, quod
semper secum habere consuerat, sumpsit.

12,1 **T. Quīntius Flāminīnus**: Konsul 198; als begeisterter Philhellene („Griechenfreund“) erklärte er bei den Isthmien 196 v. Chr. alle von Makedonien abhängigen Griechen für frei.

2 **patrēs cōnscrīptī** Senatoren („und Beigeschriebene“) — **suum sēcum . . . sibi**: diese Reflexivpronomina haben jeweils ein anderes Beziehungswort — **sibique** ~ *et* (*ut*) *sibi* bzw. *-que* ~ *sed*

3 **negāre** (abs.): eine Bitte abschlagen („nein sagen“) — **illud** „nur das“ — **postulāre**: gelegentlich + AcI — **hospitium** (*hospes*): Gastfreundschaft — (*ipsos*) **inventūrōs** (*esse*) — **scīlicet** (*scire licet*): natürlich — **ūsū venīre** ↗ A 4,5 — **accidit**: Pf.

4 **puer** (oft) Sklave — **iānua** Haustür — **prōspicere** Ausschau halten — **foris, -is** Türflügel; Pl. Tür — **properē** (Adv.; *properare*): eilends, unverzüglich

5 **omnīs** ~ *omnes* — **ostendere** h. erklären (~ *dicere*) — **sēnsit** (*Hannibal*) — **fortuītō** (Adv.): zufällig — **vītam re-tinēre** sich an das Leben klammern („zurück-, behalten“); *retinendam*: bezeichnet hier die Möglichkeit — **arbitriō** (Abl.): nach . . . — **vītam dīmittere** ~ *vitam (de)ponere* (↗ P 5, 5)

13,1 Sic vir fortissimus, multis variisque perfunctus laboribus, anno
acquievit septuagesimo. Quibus consulibus interierit, non convenit.
Namque Atticus M. Claudio Marcello Q. Fabio Labeone consulibus (183)
mortuum in annali suo scriptum reliquit, at Polybius L. Aemilio
Paulo Cn. Baebio Tamphilo, Sulpicius autem Blitho P. Cornelio (182)
2 Cethego M. Baebio Tamphilo. Atque hic tantus vir tantisque bellis (181)
districtus nonnihil temporis tribuit litteris. Namque aliquot eius
libri sunt, Graeco sermone confecti, in iis ad Rhodios de Cn. Manlii
3 Volsonis in Asia rebus gestis. Huius belli gesta multi memoriae
prodiderunt, sed ex his duo, qui cum eo in castris fuerunt simulque
vixerunt, quamdiu fortuna passa est, Silenus et Sosylus Lacedaemonius. Atque hoc Sosylo Hannibal litterarum Graecarum usus est
doctore.
4 Sed nos tempus est huius libri facere finem et Romanorum explicare
imperatores, quo facilius collatis utrorumque factis, qui viri praeferendi sint, possit iudicari.

13,1 **per-fungī** (mit Abl.): durchmachen, überstehen — **ac-quiēscere** zur Ruhe kommen, sterben — **nōn convenit** darüber ist man sich nicht einig (↗ 6, 2) — (*T. Pomponius*) **Atticus** ↗ S. 6 — (*liber*) **annālis**: Titel von Atticus' Geschichtswerk — **Polybius (-ī):** Polybios (ca. 200 — ca. 120 v. Chr.), griech. Geschichtsschreiber, Mitglied des Scipionenkreises (um Scipio d. J.); seine Universalgeschichte in 40 Büchern stellte vor allem den Aufstieg Roms zur Weltmacht dar. — **Sulpicius Blithō**: römischer Historiker, sonst unbekannt — Hannibal (geb. 247) erreichte also in keinem Fall das 70. Lebensjahr.

2 **distringere** auseinanderziehen; (nkl.) in Anspruch nehmen — **nōnnihil** vgl. *nonnulli* — **namque** ↗ P 1, 2 — **ad Rhodiōs** (*liber*) — **Cn. Manlius Volsō**: besiegte 189 v. Chr. die Gallier in Kleinasien und schloß den Frieden mit Antiochos III., wobei die Rhodier als Bundesgenossen der Römer beteiligt waren.

3 **huius** (*Hannibalis*) — **Sīlēnus et Sōsylus**: Silenos und Sosylos; sonst unbekannte griechische Historiker — **doctor** Lehrer

4 **hic liber**: gemeint ist das ganze Werk *„De excellentibus ducibus exterarum gentium"*. — **explicāre** h. darstellen — **utrōrumque** beider (Völker), auf beiden Seiten (der römischen und auswärtigen Feldherrn)

Aufgaben zur Interpretation

1 In welche Abschnitte (Wechsel des Ortes, der Zeit und der Personen) läßt sich die Hannibal-Vita gliedern? L

2 Welche Leitbegriffe bilden den „roten Faden“ für die Gesamtkomposition der Hannibal-Vita als Charakterbild? L

3 Warum erzählt Nepos Kap. 1/2 nicht chronologisch?
Wie korrespondiert damit Kap. 12, und wie ist demnach der Gesamtaufbau komponiert?

4 Wie sieht Nepos bei Hannibal die Wechselwirkung von Charakter und Lebensschicksal? L

5 Wie bewertet Nepos Hannibals Selbstmord (Kap. 12)?

6 Welche Grundsätze politischen Denkens und Handelns (Staatsideologie) stecken hinter der Eidszene bei Nepos (Kap. 2)?
Vergleiche dazu auch die Darstellung bei Livius (BT 1)!

7 Welche Gemeinsamkeiten und Unterschiede im Urteil über Hannibal werden deutlich im Vergleich zu Nepos bei den Charakteristiken
von Polybios (BT 2),
Livius (BT 3) und
Bengtson (BT 5)?

8 Durch welche Inhalte und durch welche Mittel der Darstellung zeigt sich Nepos mehr als Biograph denn als Geschichtsschreiber? L

9 Die weltgeschichtliche Dimension der Ereignisse um Hannibal könnte leicht den Blick auf die Sorgen und Nöte verstellen, die gerade den einfachen Menschen in jedem Krieg treffen. Dieses menschliche Leid schildert aber Livius 22, 7 in seinem Bericht über die Situation in Rom nach der Niederlage am Trasimener See (BT 4).
Warum schweigt wohl Nepos über diese menschlichen Schicksale?

Begleittexte

1. Livius (21, 1, 4)

Fama est etiam Hannibalem annorum ferme novem pueriliter blandientem patri Hamilcari, ut duceretur in Hispaniam, cum perfecto Africo bello exercitum eo traiecturus sacrificaret, altaribus admotum tactis sacris iure iurando adactum se, cum primum posset, hostem fore populo Romano.

Man erzählt auch, Hannibal habe als neunjähriger Junge seinem Vater Hamilkar — wie Kinder es können — das Versprechen abgeschmeichelt, ihn mit nach Spanien zu nehmen, als er nach Beendigung des afrikanischen Krieges ein Opfer darbrachte, um dann dorthin überzusetzen. Bei dieser Gelegenheit habe er den Knaben zum Altar geführt, ihn das Opfer berühren und schwören lassen, so bald wie möglich als Feind des römischen Volkes aufzutreten.

Übersetzt von Feix, J.: Livius, Römische Geschichte. Buch XXI—XXIII. — Ernst Heimeran Verlag, München 1974, S. 6—7.

2. Polybios (11, 19)

Würdigung Hannibals:
„Wer sollte nicht die Feldherrnkunst des Mannes, seine Tapferkeit und Tüchtigkeit im Felde anerkennen, wenn er auf die Länge dieser Zeit blickt und die großen wie die kleinen Schlachten und Belagerungen bedenkt, die schwankende Haltung der Städte, die wechselnde Gunst der Lage, den Umfang des ganzen Unternehmens, bei dem Hannibal, obwohl er 16 Jahre lang die Römer in Italien bekriegte, doch niemals seine Truppen aus dem Felde entließ, sondern gleich einem guten Steuermann sie fest in seiner Hand behielt und bei dieser Menge von Völkern doch jeden Aufruhr, gegen ihn selbst wie gegeneinander, zu verhüten wußte, wo doch seine Truppen weder eines Stammes noch auch nur einer Rasse waren; denn er hatte Libyer, Iberer, Ligurer, Kelten, Phöniker, Italiker und Griechen unter sich, die weder Gesetz noch Sitte noch Sprache noch etwas anderes von Natur aus gemeinsam hatten. Dennoch brachte das Geschick des Führers solch verschiedene Menschenmengen dazu, auf einen Befehl zu hören und einem Willen zu gehorchen, obgleich ihre Lage nicht gleich blieb, sondern starkem Wechsel unterworfen war und ihnen das Glück öfter hold war, zu anderen Zeiten aber gegen sie stand.“

Aus: Unser Weg in die Gegenwart, Bd. 1. Bamberg 1981, S. 99.

3. Livius (21, 4)

Also wurde Hannibal nach Spanien geschickt und zog gleich bei seiner ersten Ankunft die Aufmerksamkeit des ganzen Heeres auf sich: Die alten Soldaten glaubten, der junge Hamilkar sei ihnen wiedergegeben worden; die gleiche Lebhaftigkeit im Blick, das gleiche Feuer in den Augen, die gleiche Gesichtsbildung und die gleichen Züge. Dann aber brachte er es in Kürze so weit, daß der Vater für ihn nur die kleinste Empfehlung war. Niemals war ein Mann zu zwei ganz verschiedenen Dingen, zum Gehorchen wie zum Befehlen, in gleicher Weise geeignet. Daher konnte man nicht leicht entscheiden, ob er dem Feldherrn oder dem Heere lieber war; Hasdrubal wollte nie einen anderen mit einer Aufgabe betrauen, in der man tapfer und gewissenhaft handeln mußte, und auch die Soldaten hatten zu keinem anderen Führer mehr Zutrauen oder Mut. Er besaß die größte Kühnheit, Gefahren zu übernehmen, die größte Besonnenheit in den Gefahren selbst. Durch keine Anstrengung konnte sein Körper ermüdet oder sein Geist besiegt werden. Gleich war seine Ausdauer in Hitze und Kälte; das Maß von Essen und Trinken war vom natürlichen Verlangen, nicht vom Vergnügen bestimmt; die Zeit des Schlafens und des Wachens wurde nie durch Tag und Nacht bestimmt; was ihm nach der Erledigung seiner Arbeit übrigblieb, widmete er der Ruhe; aber auch sie wurde weder durch ein weiches Lager noch durch Stille herbeigezaubert; viele haben ihn oft nur mit einem Militärmantel bedeckt zwischen den Wachen und Posten der Soldaten auf der Erde liegen sehen. Seine Kleidung unterschied sich in nichts von der seiner Altersgenossen; seine Waffen und Pferde dagegen fielen auf. Er war der beste Soldat zu Fuß und zu Pferde; als erster ging er in den Kampf, als letzter verließ er das beendete Treffen. Diesen so großen Vorzügen des Mannes hielten auf der anderen Seite ungeheuere Fehler das Gleichgewicht: unmenschliche Grausamkeit, mehr als punische Treulosigkeit, nichts galt ihm Wahrheit, nichts war ihm heilig; er kannte keine Gottesfurcht, anerkannte keinen Eid und empfand keine religiöse Bindung.

Übersetzt von Feix, J.: Hannibal ante portas. München o. J., Goldmann TB 467, S. 11–12.

4. Livius (22, 7)

Dieses ist die berühmte Schlacht am Trasimenischen See, die als eine der seltenen Niederlagen des römischen Volkes erwähnt wird; 15 000 Römer fielen im Kampfe; 10 000 zerstreuten sich auf der Flucht über ganz Etrurien und versuchten auf verschiedenen Wegen, Rom zu erreichen. Von den Feinden blieben 2500 im Kampf, viele starben noch nachher an ihren Verwundungen. Nach anderen Berichten soll das Blutbad auf beiden Seiten noch viel schlimmer gewesen sein. Ich bin kein Freund davon, etwas aus Vermutung zu übertreiben, wozu sich Geschichtsschreiber gern hinreißen lassen; aber ich habe Fabius, einen Zeitgenossen dieses Krieges, als zuverlässigste Quelle. Nachdem Hannibal alle Gefangenen latinischen Namens ohne Lösegeld entlassen und die Römer in Fesseln gelegt hatte, gab er den Befehl, die Leichen seiner Leute von den angehäuften Feinden zu trennen und zu bestatten. Er ließ auch sehr sorgfältig die Leiche des Flaminius suchen, fand sie aber nicht. In Rom lief das Volk bei der ersten Nachricht von dieser Niederlage voller Entsetzen auf den Markt. Frauen eilten durch die Straßen und fragten alle, die sie trafen, welche plötzliche Niederlage man denn gemeldet habe und wie es um das Heer stehe. Als sich schließlich die Menge wie in einer dichten Volksversammlung auf den Wahlplatz und zum Rathaus wandte und die Behörden herausrief, da erklärte endlich kurz vor Sonnenuntergang der Prätor Marcus Pomponius: „Wir sind in einer großen Schlacht geschlagen worden." Und obwohl man nichts Genaueres von ihm erfahren konnte, sprach es sich doch herum, der Konsul sei mit einem großen Teil seiner Truppen gefallen, nur noch wenige seien am Leben, die sich entweder auf der Flucht überall durch Etrurien zerstreut hätten oder vom Feinde gefangen worden seien. Bei der großen Zahl der Betroffenen wurden all die in ebenso viele Sorgen gestürzt, deren Verwandte unter dem Konsul C. Flaminius gedient hatten, weil sie ja nicht wissen konnten, welches Los ihre Angehörigen getroffen hatte. Keiner wußte, was er hoffen durfte oder fürchten mußte. Am folgenden und den späteren Tagen stand an den Stadttoren eine beinahe größere Menge Frauen als Männer. Sie warteten auf einen Angehörigen oder auf Nachricht von ihnen. Sie drängten sich um die Ankommmenden, fragten sie aus und waren nicht eher wegzubringen, bevor sie nicht der Reihe nach alles gefragt hatten. Die Mienen derer, die von den Boten weggingen, waren recht verschieden, je nachdem sie Freudiges oder Trauriges erfahren hatten. Sie wurden auf dem Heimweg von Leuten umringt, die ihnen Glück wünschten oder sie trösteten. Ganz auffallend waren Freude und Schmerz bei den Frauen. Von einer Mutter, die unmittelbar am Tor ihren geretteten Sohn traf, erzählt man, sie sei in seinen Armen gestorben. Eine andere, die traurig zu Hause saß, der man fälschlich den Tod ihres Sohnes gemeldet hatte, sei beim Anblick des Zurückkehrenden vor Freude gestorben. Die Prätoren hielten mehrere Tage hindurch den Senat vom Sonnenaufgang bis zum Sonnenuntergang im Rathaus versammelt und berieten, unter wessen Führung oder mit welchen Truppen man sich dem siegreichen Punier entgegenstellen sollte.

Übersetzt von Feix, J. (↗ BT 3), S. 70–71.

5. Hermann Bengtson

Der Ausbruch des großen Krieges ist aufs engste verknüpft mit der Person des punischen Feldherrn Hannibal. Seine strategische Leistung in Spanien und in dem späteren Kriegsgeschehen steht hierbei völlig außer Frage. Neben Alexander und Cäsar ist er zweifellos der bedeutendste Feldherr des Altertums gewesen. In der Beurteilung des Politikers aber trennen sich die Geister. [. . .] Unzweifelhaft war Hannibal eine Persönlichkeit, die von starker Aktivität beseelt und von hervorragendem Selbstbewußtsein durchdrungen war. Dies zeigt sein Verhältnis zu der griechischen Geschichtsschreibung, nicht zuletzt aber auch sein ‚Leistungsbericht', den er im Jahre 205 am Tempel der Hera am lakinischen Vorgebirge bei Locri Epizephyrii hat aufzeichnen lassen. Nicht zu übersehen ist jedoch, daß Hannibal einen ganz entscheidenden Fehler begangen hat: im Vertrauen auf die eigene Kraft unterschätzte er die Widerstandskraft Roms und der römisch-italienischen Wehrgemeinschaft, er hatte kein Gefühl für die inneren Werte des Römertums, für den Opfermut, die Vaterlandsliebe und die Widerstandskraft, welche die Römer auch in ihren dunkelsten Stunden niemals verlassen haben. Im Grunde genommen ist er noch am ehesten mit den hellenistischen Fürsten zu vergleichen, die wie Pyrrhos mit hohem Selbstbewußtsein in den Krieg gegen Rom eintraten und erfahren mußten, daß sie den Gegner bei weitem unterschätzt hatten.
Auch bei den Römern steht zum erstenmal in ihrer Geschichte eine Persönlichkeit im Mittelpunkt, P. Cornelius Scipio. Bezeichnenderweise sind die Urteile über ihn ähnlich schwankend wie die über seinen großen Gegner Hannibal.

Bengtson, H.: Grundriß der römischen Geschichte, Bd. 1: Republik und Kaiserzeit bis 284 n. Chr., München[2]1970, Verlag C. H. Beck, S. 95 (HdAW III/5. 1).

Bildliche Darstellungen aus dem Leben Hannibals

Die Maler des Abendlandes wurden immer wieder von Motiven und Erzählszenen antiker Autoren angeregt.
So z. B. zeichnete Alfred Rethel (1816—1859)
„Auf einem Bergvorsprung stehend, zeigt Hannibal seinen Kriegern Italien" (Bild S. 46).

1 Wie behandelt Nepos in seiner Hannibal-Vita (Kap. 3) diese Szene?

2 Was würdest du, wärest du Maler, aus der Hannibal-Vita des Nepos bildlich darstellen?
Wie würdest du, vom Nepostext angeregt, ein solches Bild aufbauen (betrachte nochmals Rethels Bild auf S. 46)?

3 Welche Charakterzüge Hannibals hat der Bildhauer in den Stein der Porträtbüste (S. 40) eingemeißelt?

Satzanalysen

Pausanias 5, 1

Quo *cum essent profecti* (ephori: § 1)
et (cum) **PAUSANIAS** | placato Argilio, |
ut putabat,
Lacedaemonem *reverteretur,*
in itinere,
cum in eo esset,
ut comprehenderetur,
ex vultu cuiusdam ephori,
qui **eum** admoneri cupiebat,
insidias **sibi** fieri intellexit.

Alcibiades 3, 3

Hoc cum appareret
non sine magna multorum *consensione* esse factum,
quae non ad privatam
sed publicam rem pertineret,
magnus multitudini timor est iniectus,
ne qua repentina vis in civitate exsisteret,
quae libertatem opprimeret populi.

Alcibiades 4, 5

Postquam autem (1.) **se** capitis *damnatum* | bonis publicatis | **audivit**
et
– id quod usu venerat –
(2.) Eumolpidas sacerdotes a populo *coactos,*
ut **se** devoverent,
(3.) eiusque devotionis quo testatior esset memoria,
exemplum | in pila lapidea incisum | *esse positum* in publico,
Lacedaemonem **demigravit.**

Hannibal 2, 2–3

Ad **quem** *cum* legati *venissent* Romani,
qui de **eius** voluntate explorarent darentque operam,
consiliis . . . ut Hannibalem in suspicionem **regi** adducerent,
tamquam ab ipsis corruptum alia atque antea sentire,
neque id frustra *fecissent*
idque Hannibal *comperisset*
seque ab interioribus consiliis segregari *vidisset,*
tempore dato | adiit ad **regem**
eique *cum* multa de fide sua et odio in Romanos *commemorasset,*
hoc adiunxit: . . .

Literaturauswahl

1. Ausgaben, Kommentare

Cornelius Nepos: Vitae, rec. E. O. Winstedt. — Oxford 1904 (Nachdruck 1959).

Cornelius Nepos: Vitae cum fragmentis, ed. P. K. Marshall. — Leipzig 1977.

Cornelius Nepos: erkl. von K. Nipperdey — K. Witte. — Berlin ^{11}1913 (= ^{13}1967).

Cornelius Nepos: Lebensbeschreibungen berühmter Männer. Ausgewählt und erläutert von M. Leitschuh. Bamberg ^{7}1969.

Cornelius Nepos: De viris illustribus. Eingel. und erl. von H. Hofmann — J. Pietschmann. — Bamberg 1983.

2. Übersetzungen

Färber, H.: Cornelius Nepos. Kurzbiographien und Fragmente, lateinisch und deutsch. — München 1952.

Loehning, C.: Cornelius Nepos. Vitae. Neun Lebensbilder aus der antiken Welt, lateinisch und deutsch. — München 1978 (dtv Nr. 9146).

Wirth, G.: Cornelius Nepos. Berühmte Männer. — München o. J. (Goldmann 7515).

3. Wissenschaftliche Literatur

Bengtson, H.: Griechische Geschichte. Von den Anfängen bis in die römische Kaiserzeit. In: HdAW III 4. — München ^{3}1960.

Bengtson, H.: Grundriß der römischen Geschichte mit Quellenkunde. 1. Band: Republik und Kaiserzeit bis 284 n. Chr. In: HdAW III 5.1. — München ^{2}1970.

Bengtson, H.: Griechische Staatsmänner des 5. und 4. Jahrhunderts v. Chr. — München 1983.

Büchner, K.: Römische Literaturgeschichte. — Stuttgart 1959, 271—275.

Christ, K. (Hrsg.): Hannibal. WdF. — Darmstadt 1974.

Dihle, A.: Die Entstehung der historischen Biographie. — Heidelberg 1987 (= SB Heidelberg 1986, 3).

Faber, G.: Auf den Spuren von Hannibal. — München 1983.

Fleischer, U.: Zu Cornelius Nepos. In: Festschrift B. Snell. — München 1956, 197—208.

Holzberg, N.: Literarische Tradition und politische Aussage in den Feldherrnviten des Cornelius Nepos. In: Anregung 35 (1989) 14—27 (hier weiterführende und neueste Literatur).

Leo, F.: Die griechisch-römische Biographie nach ihrer literarischen Form. — Leipzig 1901 (= Hildesheim 1991).

Lupus, B.: Der Sprachgebrauch des Cornelius Nepos. — Berlin 1876 (Nachdruck: Hildesheim 1972).

Romein, J.: Die Biographie. Einführung in ihre Geschichte und Problematik. — Bern 1948.

Seibert, J.: Der Alpenübergang Hannibals. Ein gelöstes Problem? In: Gymnasium 95 (1988) 21—73.

Steidle, W.: Sueton und die antike Biographie. — München 1951 und ^{2}1963 (= Zetemata H 1).

4. Fachdidaktische Beiträge

Eller, K. H.: Nepos-Lektüre. In: Höhn, W. — Zink, N.: Handbuch für den Lateinunterricht. Sekundarstufe I. — Frankfurt 1987, 209—221.

Glücklich, H.-J. — Reitzer, St.: Die Hannibalbiographie des Nepos im Unterricht. In: EXEMPLA und CONSILIA 8. — Göttingen 1985.

Maier, F.: Eine Szene mit weltgeschichtlichen Folgen. Hannibals Eid auf die ewige Feindschaft mit Rom. In: Auxilia 18. — Bamberg 1988, S. 18—32.

Rieger, E.: Nepos — eine Möglichkeit erster Originallektüre. In: ISB (Hrsg.): Handreichungen für den Lateinunterricht in den Jahrgangsstufen 8—11. Bd. 1: Prosa. — Donauwörth 1984, S. 45—64.

Schönberger, O.: Politische Erziehung bei der lateinischen Anfangslektüre, Cornelius Nepos, Alcibiades, Kap. 9 und 10. In: Anregung 22 (1976), 13—16.

Schönberger, O.: Cornelius Nepos — Ein mittelmäßiger Schriftsteller. In: DASIU XXX (1983) 2, 20—30.

Stolz, Chr.: Interpretationsbeispiele zu C. Nepos. In: AU XIII (1970) 3, 19—42.

Weikusat, F.: Grammatikunterricht mit der Hannibalvita des Nepos. In: AU XXVIII (1985) 3, 46—57.

5. Sachbücher

Baumann, H.: Ich zog mit Hannibal. — München [5]1977 (dtv-junior 480).

Charles-Picard, G.: Die Welt des Hannibal. In: Griechen und Römer — Baumeister des Abendlandes, hrsg. von M. Bell. — Frankfurt 1975, S. 275—336.

Conolly, P.: Hannibal und die Feinde Roms. — Hamburg 1978.

Johann Michael Sailer Verlag Nürnberg: Hannibal. Karthago gegen Rom. In: Geschichte mit Pfiff (1982) 9.

Hoffmann, W.: Hannibal. — Göttingen 1962.

6. Hörbilder des Bayerischen Rundfunks

(Manuskripte bei: Bayerischer Rundfunk, Postfach 20 05 08, 8000 München 2)

Blick in die Weltgeschichte. Hannibals Zug über die Alpen. Von T. Meissner. Sendung: 17. 7. 1982, 11.30 Uhr, B 2.

Geschichte, Das Porträt: Hannibal. Von J. Egginger. Sendung: 22. 11. 1983, 15.00 Uhr, B 2 (Schulfunk).

Diese unsere Welt. Trompetende Riesen. Von Kriegs- und Zirkuselefanten in der Antike. Von K. Bartels. Sendung: 10. 4. 1988, 9.06 Uhr, B 1.

Abbildungen: Deutsche Presse-Agentur GmbH, Frankfurt; Franz Kaller, Oberhaid; Bildarchiv Preußischer Kulturbesitz, Berlin; Verlagsarchiv (6); ZEFA-Photo: W. Jacobs.